사단법인 한국기질상담협회

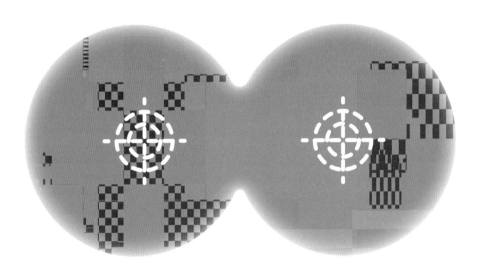

기질로 풀어가는
인간관계 법칙

강영미 지음

돌선카리타스

기질로 풀어가는
인간관계 법칙

초판인쇄 2024년 5월 7일
지은이 강영미

펴낸이 박수정
펴낸곳 도서출판 카리타스
주소 부산광역시 동구 중앙대로 298 부산 YWCA 303호
전화 051)462-5495
홈페이지 www.enkorea.kr
등록번호 제 3-114호

ISBN 978-89-97087-80-8

기질로 풀어가는
인간관계 법칙

강영미 지음

도서출판 카리타스

CONTENTS

저는 공황장애와 우울증으로 심한 고통을 경험했습니다. 이 경험을 통해 그 어떤 질병보다 '마음의 병'이 무척이나 고통스럽고 치유하기 힘들다는 것을 깨달았습니다. 이러한 아픔의 경험이 기질 공부(상담)를 통해 관계의 어려움이나 마음의 병을 앓고 있는 사람들에게 큰 힘이 되길 간절히 바라는 마음의 토대가 되었고, 이 책을 쓰게 되는 용기가 되었습니다.

저는 신학대학원에서 기독교 상담학 공부를 할 때, 미국 NCCA (National Christian Counseling Association)에서 기질 이론을 배우게 되었고, 자격증을 취득하였습니다. 이후 제 삶에 큰 영향을 준 사람이 바로 NCCA 기질 이론을 연구·개발한 리차드G.아르노 박사님이십니다. 기독교 신앙을 바탕으로 인간의 기질 이해와 상담을 통해 자신의 유명세나 경제적 풍요에 관심을 두기보다는, 오직 한 사람의 삶에 대한 치유와 회복에만 관심을 가지고 사역하셨던 박사님의 신념과 삶의 방향이 저를 여기까지 오게 한 힘의 뿌리가 되었습니다.

NCCA 기질 이론을 배우고 난 후, 20여 년 동안 기질 강의와 교육, 상담을 진행해 오면서 인간관계의 어려움을 겪고 있는 개인과 가정들이 기질 이해와 실제적인 실천을 통해 마음의 치유와 관계의 회복을 경험하는 모습들을 끊임없이 보아왔습니다. 오랜 시간의 경험을 통해 개인의 기질 이해에 대한 필요성과 기질이 개인과 공동체에 미치는 영향이 얼마나 큰지를 확신하게 되었습니다. 여전히 부족한 부분이 많은 책입니다. 그러나 기질 이해를 통해 관계의 어려움과 마음이 아픈 그 누군가, 한 사람에게 필요와 도움이 된다면 치유와 회복의 방법을 함께 나누고 싶은 마음에 이 책을 출간하게 되었습니다.

지금까지 협회를 위해 후원과 응원으로 함께해준 정회원분들께 이 시간을 통해 감사의 마음를 드립니다.
또한, 책표지 디자인을 해준 사랑하는 제자 이수민(로드아일랜드 디자인 스쿨, RISD)에게도 고마움을 전해봅니다

무엇보다 인간을 창조하시고 그 마음을 지으신 하나님!
(사)한국기질상담협회를 세워주시고 귀한 동역자들과 함께 기질 상담으로 사역할 수 있도록 길을 열어 가시며 지혜를 부어 주시는 하나님께 모든 감사와 영광을 올려드립니다.
"모든 지킬 만한 것 중에 더욱 네 마음을 지키라 생명의 근원이 이에서 남이니라"(잠언 4장 23절)

2024년 3월 22일 저자 강영미

기질 상담사 교육생분들의 추천사

확언컨대 지금까지 30여 년 목회 사역에서 사람을 가장 잘 알고 이해할 수 있었던 통로는 성경 다음으로 기질이었다. 이 기질을 알고 난 후 나는 나 자신이 어떤 사람인지를 알게 되었을 뿐 아니라, 내가 만나는 사람들을 이해하고 알아줄 수 있는 사람이 되었고, 그로 말미암아 그 사람과 가정과 공동체를 돕고 섬기고 세울 수 있는 선한 사역을 할 수 있게 되었기 때문이다. 이 책은 당신에게도 그 감격과 기쁨을 선물해 줄 선한 길잡이가 되어 줄 것이다.

(온전교회 담임: 임용환 목사)

기질을 이해함으로써 소통과 이해의 문이 열리고, 기질을 통해 관계의 비밀을 해결하고 진정한 '나'와 '너'를 만나보세요. 이 지식을 실천에 옮기면 우리의 다양한 인간관계가 원활해지고 서로를 풍성히 성장시키는 경험을 하실거에요. 우리의 다양성 속에서 진정한 이해와 마음의 연결이 이루어질 때 한 사람의 귀중함과 감동이 밀려오는 걸 느껴 보시길 바래요. 가까운 사람일수록 어려울 때가 있고, 마음의 거리가 있는 사람도 힘들어질 때 기질로 해결할 수 있으니 얼마나 기쁘고 경이로운지요! 이 기쁨을 함께 나눌 수 있는 책이 생겨 행복합니다.

(안성 베일러국제학교: 제프리 안 교장)

예순 살이 다 되도록 빨간 안경을 쓴 것처럼 상대방과 상황을 모두 다 빨갛다고만 판단하며 살아온 나에게 기질은 다름은 틀린 것이 아니고, 달라서 더욱 귀하다는 것을 깨닫게 해주었습니다. 이 저서를 통해서 한국형 기질의 선구자인 강영미 교수님을 만나는 행운을 잡는다면 '정말 다행이다. 이제라도 알게 되어서' 라는 감동과 감사를 경험하게 될 것입니다.

(꿈누리유치원: 이명신 원장)

제가 배운 기질은 나와 상대를 이해하는 일에 최고의 공부였습니다. 기질은 나를 살리고 내 가족을 이해하도록 방향을 제시해 주었던 내 인생의 나침반이며, 행복한 관계 회복을 하고 싶은 모든 이들을 위한 최고의 선물입니다.

(여고유치원: 허혜선 원장)

기질을 안다는 건 축복입니다. 기질을 통해 소통의 힘을 가질 수 있었기 때문입니다. 기질을 알면 서로를 이해하는데 큰 도움이 되듯, 우리 아이들의 성장에 건강한 자존감의 밑거름이 되어 웃음과 행복이 함께 할 수 있으리라 믿습니다. 강영미 교수님과 기질을 만나 부모 교육과 교사 교육을 할 수 있게 되어 감사드립니다.

(전,양산시어린이집총연합회: 이수정 회장)

상담사라면 자신의 이론이 한 가지 있어야 한다고 했는데 심리 공부를 거듭해도 사람이 보이지 않았습니다. 그러던 중 기질을 만나게 되었고 '기질이야 말로 정답이네' 하고 외쳤습니다. 기질을 공부하면서 나와 다른 기질인 남편과의 소통에 답답함과 다툼이 없어진 것이 큰 변화입니다. 또한, 두 아이의 진로를 자신의 기질에 맞게 선택하니 갈등이 없었고 현재 자신의 진로에 만족하며 사회생활을 잘하고 있다는 점입니다. 그리고 작년에 제가 고위기 청소년 상담 부분에서 수상을 한 적이 있는데 이 또한, 기질로 상담하여 결과가 좋을 수 있었던 것 같습니다.

((사)한국기질상담협회: 김계순 소장)

내 속마저도 이해하기 어려울 때, 타인의 내면은 오죽할까요?

사랑하는 사람과의 천생연분 같던 순간도 시간이 지나 '눈물의 여왕'이 되어 가는 제 자신을 발견했습니다. 그러나 사랑이 변한 것이 아니었어요. 서로의 진짜 모습, 기질을 통해 알게 되고 이해하게 되면서 감사함과 감동이 밀려왔죠. 기질을 알고 나니, 단순히 우리의 다름을 넘어 서로의 독특한 욕구와 특성을 이해하게 되었고, 불필요한 오해와 불편함이 사라졌습니다. 우리 모두가 기질을 통해 더 깊은 소통과 연결, 그리고 진정한 '나'와 '너'를 만나는 여정에 함께할 수 있기를 바랍니다.

(18기 교육생: 박선유 선생님)

상처 많은 우리 아이들 어찌 키워야 하나 허둥대는 찬 겨울에 따뜻한 봄처럼 교수님을 만났습니다. 아동양육시설이라는 곳에서 아이들 건강히 키우려면 어른이 먼저 행복해야 된다고 말씀해 주시며 직원 한명 한명을 보듬어 1년의 기질 부모대학을 진행해 주셨지요. 덕분에 현장에서 우리 모두는 있는 그대로의 아이들을 기질로 바라보니 각자의 모습대로 마당의 예쁜 들꽃처럼 건강한 자리를 잡아갑니다. 19년 차 사회복지사로 아동 복지 현장에서 교수님을 만난 일은 행복입니다. 언제나 지금처럼 아이들과 건강하게 함께 해주세요.

(부산아동양육시설동산원: 김은형 원장)

30대 후반에 늦게 결혼하여 3명의 아이를 키우다 보니 우울증까지 경험하게 되었습니다. 그러던 중 기질 공부를 하게 되면서 아이들이 나로 인해 힘들었겠구나!를 깨닫게 되었습니다. 기질 공부는 나와 우리 가족에게는 산소와 같은 공부였습니다.

(한국전력공사: 한금희 과장)

기질을 알고난 후 제 삶에 그리고 청소년 상담 현장에 생기가 불어왔습니다. 먼저는 저를 만났습니다. 그리고 인생에 목적을 잃고 죽음을 기다리며, 우울증을 앓던 한 청소년은 기질상담 이후 자신의 기질에 맞는 진로를 안내받고 현재 멋진 기타리스트가 되어 활력있고 주도적인 삶을 살아가고 있습니다. 이 외에도 제가 10년 전 기질을 먼저 만나고부터 저의 상담 현장에서 수많은 내담자들의 변화를 경험하며, 상담사인 제가 기질을 알고 배움에 그저 감사할 따름입니다!

(여성폭력방지종합지원센터 : 정아영 상담사)

육아가 정말 힘이 들어서 여기저기 상담을 받으러 다니던 중 강영미 교수님을 만나게 되었습니다. 기질로 분석을 받아보니 나와 아이에 대해서 새롭게 알게 되었고 계속적으로 기질을 공부하면서 아이와 나의 다름을 인정하고 아이를 믿고 기다려 줌으로 하루하루를 살아갈 수 있었습니다. 아이는 자기주도학습이 확실히 되는 멋진 고등학생이 되어 자신의 미래를 스스로 설계해 나가고 있습니다. 기질은 저에게도 아이에게도 한 줄기 빛입니다.

(금정구가족센터아이돌봄팀: 임성숙 팀장)

엄마가 기질 공부를 하고 난 후 저를 많이 이해해 주고 지지를 해주는 것이 너무나 감사했습니다. 저에게도 기질을 배울수 있는 기회가 온다면 빨리 배워서 부모님을 많이 이해해 주고 친구들도 많이 이해해 주고 싶습니다.

(중3학년 : 이하겸 학생)

[부모. 교사 교육 강의 현장]

1. 기질의 역사

▶기질(Temperament)이란?

인간이 태어날 때부터 가진 본래적인 특성, 곧 개인의 욕구, 소질, 재능과 같은 것으로 교육이나 성장 환경에 의해서 바뀌지 않는 타고난 개인의 특성이라고 말할 수 있다. 혹은 사람들은 기질을 성격과 혼동하기도 하나 교육과 성장 환경에 의해 만들어지거나 바꾸어지는 학습된 행동이 아닌 태어날 때부터 타고난 바꾸어 지지 않는 본래적인 특성이다.

예를 들어 기질을 나무에 비유한다면 환경과 계절에 따라 변하는 가지나 열매로 보이는 부분이 아니라, 계절에 영향을 받지 않는 땅속 깊은 곳에 있는 뿌리 부분이라고 할 수 있다.

사람은 기질에 따라서 자기만의 생각과 행동으로 표현하고 반응하려고 한다. 그러므로 우리는 상대의 생각이나 행동이 '틀린' 것이 아니라 '다르다'는 것을 먼저 '알아' 주고, 또한 '어떻게' 다른지를 알 때, 비로소 사람들은 누구나 타고난 자기의 기질대로 생각하고 행동하며 반응한다는 것을 인정하게 될 것이다.

사람들은 똑같은 환경이더라도 사물을 관찰하여 정보를 수집하고 일을 처리하는 과정이 누구나 같지 않으며, 그 과정은 개인이 가진 기질에 따라 각기 다르게 나타난다. 또한, 사람들과의 상호관계에서 사랑을 표현하는 것도, 갈등의 요소가 있을 때 보고, 듣고, 느끼며 문제점을 해결하려는 자세도 개인이 가진 기질에 따라 다르게 나타난다. 이것은 기질이 인간의 본질적인 부분으로 개인마다 기질적 특성과 욕구가 다르기 때문이다.

인간의 본래적인 특성을 구분 짓는 기질에는 어떤 욕구들이 있는지를 기질 이론을 통해서 알아보려고 한다.

▶기질의 역사

프로이트의 정신분석이론이 시작되기 전인 19세기 전까지 사람들의 기질을 평가하는 방법으로 널리 사용된 것으로, 고대 그리스의 철학자이자 의사인 히포크라테스(Hippocrotes(B.C.460-377))에 의해 개발된 것이다. 그는 사람의 체내에서 분비되는 체액에 따라 4가지 기질로 분류하였는데, 기질의 세부 유형에는 첫째, 피 색깔이라 하여 '다혈' 둘째, 끈끈한 액체라 하여 '점액' 셋째, 담즙 중에서도 누런색의 담즙이라 하여 '황담즙 또는 담즙' 넷째, 검은색의 담즙이라 하여 '흑담즙' 또는 '우울'이 있다. 다음으로 갈렌(129-200)은 그의 논문에서 기질의 첫 번째 유형학을 개발하여 사람의 다른 행동에 대한 생리적인 이유를 찾아냈다. 임마누엘 칸트(1724-1804), 알프레드 아들러(1870-1937), 이반 파블로프(1849-1936)의 네 가지 기질에 대한 이론화는 우리의 근거 이론에 큰 역할을 했다. 한스 아이젠크(1916-1997)는 심리통계 방법(요인분석)을 이용하여 인격 차이를 분석한 최초의 심리학자 중 한 명이었으며, 그의 연구를 통해 기질이 생물학적으로 기반을 두고 있다고 믿게 되었다.

또한 팀 라헤이(Tim LaHaye)는 저명한 작가이며 기독교 성직자인 상담가이다. 여러 작품에서 기질이라는 주제(기질과 성령 외)와 인간 행동과의 관계에 대하여 다루었다. 비록 그의 책들이 과학적인 토대 위에 기록되지 않았다 할지라도, 그의 작품들은 인간이 가진 기질 이해에 도움이 된다.

본 기질 이론은 미국 NCCA(National Christian Counseling Association)에서 인간의 상호관계를 체계화시킨 리차드 G. 아르노 박사의 기본 다섯가지 기질 이론이다.

모든 유형의 기질은 관찰에 의해서만 정확하게 평가될 수 없다는 것을 이해하는 것이 중요하다. 아르노 박사는 사람의 기질을 기독교적 이해를 바탕으로 하나님으로부터 주어진 본래적인 인간의 특성으로 보았다. 기질 이론이 하나님께서 목적을 가지고 각 사람을 위하여 계획해 놓은 자신의 위치를 발견할 수 있도록 도와준다고 생각한다. 그래서 자신의 기질을 이해하고 또 다른 사람의 기질을 이해해 줌으로써 인간은 하나님의 창조와 우주의 계획 속에서 자신의 위치를 깨달을 수 있게 되며 인간관계에도 큰 영향을 미친다고 보았다. 아르노 박사는 인간의 기질을 개인의 욕구와 특성에 따라서 크게 '기본 다섯 가지의 기질'로 구분하였다.

기존의 네 가지 기질은 '다혈질(Sanguine)', '우울질(Melancholy)', '담즙질(Choleric)', '점액질(Phlegmatic)'이다. 그러나 리차드 G.아르노 박사는 기존 네 가지 기질에 '맞지 않는' 사람들이 있다고 판단하여 5,000명 이상의 사람을 만나고 개인 상담을 토대로 새로운 기질인 '수줍음질'(Supine)을 분류하였다. 1984년 NCCA에서 연구개발 된 '수줍음질'(Supine)은 '우울질'(Melancholy)과 '점액질'(Phlegmatic)의 성향과도 비슷해 보이지만 확연히 다른 욕구와 행동을 하고 있다. '우울질'(Melancholy)은 신중형, '점액질'(Phlegmatic)은 안전형이라면 '수줍음질'(Supine)

은 순응형이라 할 수 있다.

인간 상호 관계란 한 사람이 다른 사람이나 집단과의 관계에서 상
호작용하며 나타난다. 모든 사람이 정신적으로 건강하고, 전적으로
기질 욕구가 채워지기 위하여 다른 사람을 필요로 한다. 사람들은
정서적으로 상대적인 다른 사람이 없이는 자신들의 욕구를 채울 수
없으며, 심지어 영적인 면에서도 사람들은 하나님께서 그러한 욕구
를 주셨기 때문에 다른 사람을 필요로 한다.

개인이 다른 사람과 상호관계를 맺을 때 기질 유형에 따라서 욕구
에 따른 정도의 차이가 있다. 외향적인 사람은 사회적 욕구를 많이
가지고 있는 것에 비하여, 내향적인 사람은 사회적 욕구를 적게 가
지고 있다. 이 욕구의 정도는 두 가지 면에서 측정되는데, 그것은
표현하려는 욕구(Expressed needs)와 반응하려는(원하는) 욕구
(wanted needs)이다.

지금까지는 각 기질의 이름을 '다혈질', '우울질', '담즙질', '점액
질', '수줍음질' 이라 명명하였다. 다만, 2015년부터 사단법인 한국기
질상담협회(KTCA)에서는 원어의 첫 자를 따서 다혈질(Sanguine)을
'S기질', 우울질(Melancholy)을 'M기질', 담즙질(Choleric)을 'C
기질', 점액질(Phlegmatic)을 'P기질', 수줍음질(Supine)을 'Su기
질' 이라고 명명하기로 한다. 그 이유는, 우리가 이미 알고 있는 기
질 단어의 사전적 뜻에 갇혀서 다양한 기질이 가진 특성을 잘못 이
해하여 다소 걸림돌이 된다는 의견과 호소가 빈번했기 때문이다.

또한, 기질의 특성을 가진 분류된 이름들이다.

1. 충동적 기질

하나의 기질이 높은 수치로 나타나, 이로 인해 각 기질의 욕구와 행동이 강하게 표현되는 기질의 사람들이다. 충동 기질의 사람들은 기질적으로 강한 욕구에 의해 충동적인 행동을 많이 한다. 자신의 충동적인 기질을 자제하기가 어렵고 개성이 강한 사람으로 나타난다.

2. 혼합기질

S기질, M기질, C기질, P기질, Su기질 5기질이 비슷한 비율로 섞여 나타나는 사람들이다. 혼합기질은 5기질의 강점과 약점이 다양하게 섞여서 나타나는 기질이므로 혼합기질을 가진 사람은 스스로가 자기 자신을 이해하고 수용하는 일은 다소 어려울 수 있다.

3. 융합기질

P기질이 다른 기질들과 섞여 있는 융합된 기질로써 (P+S, P+C, P+M, P+Su) 각 기질에서 나타나는 강한 욕구가 P기질의 안정적인 기질적 특징으로 인하여 충동적인 행동이나 욕구가 다소 감소된다. 융합기질은 강하지 않으며, 비교적 부드러운 성향을 가진 사람으로 나타난다.

[기본 다섯기질의 이름]

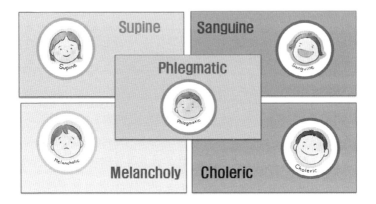

[기본 다섯기질의 격자판]

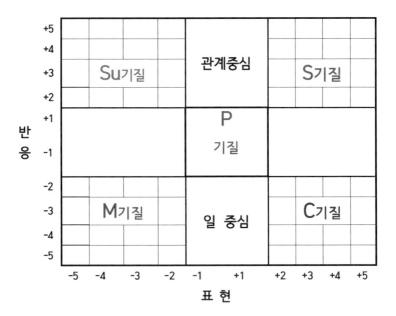

2. 기본 다섯 기질의 이해와 특징

▶기질을 이해할 때 어떤 유익이 있는가?

1. 자신과 상대의 행동을 이해하고 수용할 수 있다.

인간 내면의 깊은 욕구와 그에 따른 내적인 갈등을 알아주고 이해함으로써, 인간의 행동을 깊이 이해하고 수용하며 공감할 수 있다.

2. 유아의 기질을 알면 양육의 도움을 받을 수 있다.

유아기 자녀의 양육을 힘들어하는 부모(양육자)가 자녀의 기질을 알 때 양육의 도움을 받을 수 있다.

3. 개인의 재능과 진로(학생)에 대해 알고 세워줄 수 있다.

개인의 잠재된 재능과 진로에 대한 비전을 나누고 제시해 줄 수 있으며, 또한, 개인이 공동체에서 구체적으로 어떤 역할을 할 수 있는지 도울 수 있다.

4. 공동체 안에서 서로 돕고 세워주는 사랑의 관계를 효과적으로 이룰 수 있다.

가장 중요한 공동체는 '가정' 공동체이다. 그러나 오늘날 부부들의 갈등에서 비롯된 이혼이 증가하고 있다. 이는 서로의 배우자 기질에 대한 이해가 부족해서 일어난 가정 공동체의 문제일 수 있다. 상대의 기질을 알면 이해하는 부분이 더 많아져 갈등을 줄이고 이혼의 위기를 넘길 수 있을 것이다.

5. 사회생활에 대인관계의 갈등을 줄일 수 있다.

자신의 기질이나 다른 사람의 기질을 이해할 수 있다면, 상대의 기질적인 욕구를 채워줄 수 있고, 이로 건강하고 행복한 관계를 만들어 갈 수 있기 때문에 더욱 나은 인간관계를 할 수 있다.

◈ S(Sanguine)기질에 대한 이해

S기질은 표현과 반응을 잘하는 외향성의 사람들이다.

이들은 우선 사람에 대한 관심이 많으며, 자기 생각과 감정을 잘 표현하고, 다른 사람의 필요에도 맞게 반응을 잘 해준다.

이들은 사람들로부터 칭찬과 인정을 받으려는 욕구가 강하다. 그렇기에 매사에 적극적이고 빨리 잘하려고 하며, 열정적인 의욕을 보이며 사람들로부터 인정을 받기 위해 상대방의 말과 행동에 관심을 가진다. 또한, 자기 생각과 느낌을 열정적으로 표현하고 반응하며, 충동적이고 즉흥적으로 자유분방한 행동을 하기도 한다. 또한, 매우 열정적이며, 따뜻하고, 동정심이 많아 누구에게나 친절하게 대한다.

* S기질이 인간관계를 할 때는 처음 만나는 사람에게도 낯가림 없이 친근하게 대해준다. 사람의 귀천을 따지지 않으며, 누구와도 잘 지낸다. 이들의 쾌활함과 유머는 주위 사람들의 삶을 밝게 해준다. 상대의 감정에도 공감을 잘해준다. 가끔은 상대에게 무례하게 행동할 때가 있어 예의 없는 사람으로 보일 수도 있다. 이들은 많은 모임을 주도하면서 사람들의 필요에 따라 모든 교제가 가능하다고 본다. 특히 사람들과 교제를 위하여 시간과 돈을 아낌없이 사용하기 때문에 경제적 절제를 요구받을 때가 많다. 이들은 모든 삶에 긍정적이며 즐거움과 재미를 추구하는 기질적 특징을 가지고 있다.

* **S기질이 일할 때**는 긴 시간 동안 일에 집중하는 것을 힘들어하며, 단순노동의 일에는 더 흥미를 갖지 못한다. 때로 중요한 일을 할 때는 제외되는 경우도 종종 있으며, 일보다 사람들과의 만남을 더 소중히 생각하므로 중요한 일을 놓치기도 한다. 이들은 좋아하는 사람들과 함께 일을 할 때 더 많은 에너지를 내기도 한다. 때로는 일하는 곳에서 인정과 관심을 받지 못할 때는 일의 열정도 없어지거니와 매우 의기소침해지는 기질적 특징을 가지고 있다.

▶S기질의 주된 4가지 욕구

1) 교제에 대한 욕구
- 교제를 통해 에너지를 채우고 만족함을 얻는다.
- 끊임없이 새로운 관계를 맺는 모임을 좋아한다.
- 교제를 위해 돈과 시간을 쓰는 것을 좋아한다.
- 일(과업)보다 교제가 우선순위가 된다.
- 교제 속에서 인생을 배우고 비전을 찾는다.

2) 인정에 대한 욕구
- 교제를 통해 얻는 최대의 목적은 인정받기 위함이다.
- 상대로부터 인정받는 것이 곧 사랑받는 것으로 생각한다.
- 인정을 받기 위해서 일을 떠맡는 경향이 있고, 잘하려고 노력한다.
- 인정을 받기 위해서 선물이나 대접하는 것을 좋아한다.
- 인정을 받지 못하는 일이나 관계에서는 피곤을 느낀다.

3) 관심에 대한 욕구

- 다른 사람의 관심을 끌고 싶어 한다.
- 관심을 끌기 위해서 외모에 많은 신경을 쓴다.
- 독특한 표정, 언어를 사용해서 사람들의 관심을 끈다.
- 즉흥적인 순발력과 유머로 모임에서 관심을 끈다.
- 관심을 받을 때 동기부여가 잘된다.

4) 자기표현에 대한 욕구

- 드러나는 것을 좋아하고 적극적이며 열정적으로 자기를 표현한다.
- 표현하기 위해서 자기도 모르게 과장하는 경향이 있다.
- 자기의 경험과 생각, 감정을 생동감 있게 표현하여 상대방에게 감동을 준다.
- 자기의 생각과 감정을 스스럼없이 표현한다.
- 새로운 관계에서도 자기표현을 잘하므로 인기가 많다.

▶강점과 약점

1) 강점

- 낯가림 없이 사람들을 좋아하고 교제를 잘한다.
- 상대방의 좋은 점을 많이 본다.
- 순발력과 유머가 있다.
- 모임을 활성화하고 촉진제 역할을 한다.
- 삶을 긍정적, 낙관적으로 본다.
- 다정다감하고 사랑스럽게 표현하고 행동한다.
- 관심과 인정을 받을 때 일에 대한 에너지가 생긴다.

- 새로운 사람이나 환경에 빨리 적응한다.
- 감화력, 설득력, 전달 능력, 표현력이 있다.
- 사람을 따뜻하게 대해주고 용서를 쉽게 잘한다.

2) 약점
- 삶에 대한 진지한 태도가 부족하다.
- 인간관계 때문에 일을 분명하게 처리하지 못한다.
- 관심과 인정받지 못할 때 일에 대한 에너지가 사라진다.
- 약속해 놓고 잘 지키지 못할 때가 많다.
- 즉흥적이고 충동적으로 일을 떠맡고 벌인다.
- 일할 때 끈기, 지속성이 부족하다.
- 독점욕, 시기, 질투, 경쟁심이 많다.
- 책망받는 것을 마음 깊이 새기지 않는다.
- 시간과 돈을 계획적으로 활용하지 못한다.
- 모임에서 주목받지 못하면 의기소침해진다.

▶삶의 특징
- 일보다 인간관계에 더 관심을 가지고 중요하게 생각한다.
- 함께 하는 사람들에게 친절하며 잘 챙겨주는 따뜻한 마음이 있다.
- 사람들과의 관계를 자기가 원하는 방향으로 이끌어가길 원한다.
- 사람들과 함께 있을 때 즐겁고 행복을 느낀다.
- 현재의 삶을 중요하게 생각하고 즐기며 사는 것을 원한다.
- 삶에 어려운 문제들이 생기면 단순하게 생각하고 긍정적으

로 바라본다.

- 삶에 대하여 다양한 것들을 사람들로부터 배우고 싶어 한다.
- 사람들과 좋은 관계를 맺는 것에 가치관을 둔다.
- 뚜렷한 주관이 없기에 누군가에 의해 가치관이 쉽게 바뀔 수 도 있다.
- 무엇이든 많이 경험하고, 경험한 것을 토대로 인간관계를 맺 고 싶어 한다.
- 인정과 좋은 평가를 해주는 사람 쪽으로 마음을 많이 기울 인다.
- 쉽게 용서를 해주며 따뜻한 마음으로 상대와 공감하고 싶어 한다.

▶ 원하는 환경

- 사람들과 상호작용을 하고 있다는 느낌을 받는 환경을 원한 다.
- 인정과 관심을 받아야 하고, 피부로 충분히 느낄 수 있는 환 경을 원한다.
- 재미있고 즐거운 환경에 있길 원한다.
- 경제적인 압박을 받지 않는 환경을 원한다.
- 규칙이 없는 자유로운 환경을 원한다.
- 자신이 인간관계에 주도권이 있는 환경을 원한다.
- 사람들에게 베풀고 대접하는 환경을 원한다.

▶ 자기관리(보완)

- 규칙을 준수하는 훈련과 일의 우선순위를 정해서 처리해야

한다.

- 사소한 약속이나 일을 반드시 지키고 마무리해야 한다.
- 말할 때 많은 양을 말하는 것보다 핵심을 정리해서 전달해야 한다.
- 많은 사람과의 교제보다 진실한 교제를 해야 한다.
- 인간관계에 이끌려서 일을 망치지 않게 해야 한다.
- 절약과 경제적 개념을 바로 세워야 한다.

▶자기 이해

S기질은 이들이 가진 특유의 밝고 유쾌함으로 탁월한 인간관계를 잘 만들어 간다. 교제에 대한 관심이 많아 주위에 외롭고 힘든 사람들에게 특별한 인간관계를 잘 맺으며 위로와 힘을 많이 전달해 준다. 사람에 대한 정이 많아 어렵고 힘든 사람을 잘 도와주고 방관하지 않으며, 모두가 즐겁고 재미있는 삶을 살기를 바란다. 이들과 사람들과 함께 있을 때 에너지를 많이 받기도 하고 상대에게 주기도 한다. 삶이 긍정적이며, 어려운 문제를 해결할 때도 깊은 생각보다는 단순하게 좋은 쪽으로 빨리 해결하려고 한다.

◆ M(Melancholy)기질에 대한 이해

M기질은 표현과 반응이 적은 내향성인 사람들이다.

이들은 매우 독립적이며, 능동적으로 움직이고, 지배하는 것도 지배받는 것도 싫어한다. 이들은 분석하려는 에너지가 많아 생각이 많으며, 혼자 있는 것을 좋아하고 스스로 자신만의 고립된 공간을 원한다. 올바르게 살려는 욕구가 강하며, 옳고 그름을 찾아내어 진실하게 살아가기 위해 삶에 에너지를 주로 소모한다. 이들은 자신의 감정을 표현하는 것이 서툴다. 이들은 자신만의 틀이나 규칙이 강하므로 상대에게도 자신이 가진 진리, 규범, 규칙 등을 강요할 때가 많다. 또한, 자신의 완벽주의로 인하여 주변 사람들에게 자신이 가진 기준과 목표를 설정해 주기도 한다. 이들은 스스로 완벽해야 한다는 강박관념으로 사소한 것에도 불만과 불평이 많으며 때로는 불안한 감정에 휩싸이기도 한다.

* **M기질이 인간관계를 할 때**는 새로운 사람을 만나는 것은 낯을 가려 어색해하는 경향이 있다. 많은 사람과 교제하는 것보다는 마음에 맞는 소수의 사람과 깊은 관계를 맺는 것을 더 선호한다. 이들은 강압적인 사람들과의 교제는 피하며, 의미 없는 만남을 힘들어한다. 특히 이들은 관계에서는 약속과 예의를 중요하게 여기는 기질적 특징을 가지고 있다.

* **M기질이 일할 때**는 그 일에 맞는 특별한 기획력이 있으며, 일

에 대한 지식과 정보를 바탕으로 세밀하게 일을 한다. 이들은 사람들과 교제하는 시간보다 혼자서 일하는 시간을 더 소중하게 생각한다. 일할 때는 매사에 체계적이고, 꼼꼼하며 완벽한 결과를 위해서 작은 실수도 쉽게 용납하지 않는다. 또한, 일에 따라서 결과보다 과정을 더 중요하게 생각할 때가 있다. 이들은 일할 때 자신들만의 철학과 소신이 있으며, 의미 없는 일에는 시간과 에너지를 쓰지 않는다. 이들은 가능한 전문성을 가진 독립적인 일을 선호하는 기질적 특징을 가지고 있다.

▶M기질의 주된 4가지 욕구

1) 진리에 대한 욕구

- 선한 가치와 올바른 목적이 있는 삶의 진리를 발견하려고 한다.
- 진리를 탐색하기 위해 여러 가지 학문과 예술, 종교 등을 접해보려고 한다.
- 진리에 대해 갈증을 많이 느낀다.
- 옳고 그름에 관한 생각을 많이 한다.
- 진리를 발견하면 흔들림이 없다.

2) 지식과 탐구에 대한 욕구

- 사물과 현상에 대하여 근원적이고 논리적이며 지적으로 탐구한다.
- 지식을 쌓기 위해 다양한 책과 정보에 관심이 많다.
- 각 분야에 대한 정확한 정보를 많이 알려고 한다.
- 작은 것이라도 연구하는 것을 좋아한다.
- 지식에 대한 자부심이 강하다.

3) 완전주의에 대한 욕구

- 완전할 때 진리를 발견하고 도달할 수 있다고 생각한다.
- 완전하기 위해서 비판하고, 분석하는 경우가 많다.
- 자신이나 타인, 과업 등에서 단점을 잘 찾아낸다.
- 완전주의 성향 때문에 칭찬을 잘하지 못한다.
- 함께하는 사람들이 완전하길 바란다.

4) 고립에 대한 욕구

- 생각하고 싶은 시간과 공간을 원한다.
- 여러 사람보다 소수의 사람과의 만남을 선호한다.
- 혼자만의 시간에서 에너지를 얻는다.
- 간섭받지 않는 혼자만의 공간이 필요하다.
- 내가 원하는 환경을 가지고 싶어 한다.

▶강점과 약점

1) 강점

- 삶의 진정한 목표와 가치를 발견하려고 한다.
- 천재적인 성향이 있으며 예술가적이고 창조적인 것에 재능이 있다.
- 근본적인 것을 볼 수 있고, 생각이 깊어 말이나 행동에 실수를 적게 한다.
- 삶의 태도가 진지하다.
- 행동과 언행이 신중하며, 상대에게 신뢰감을 준다.
- 풍부한 감수성을 소유하고 있어 감정이입을 잘한다.
- 도덕적, 양심적으로 진실한 삶을 살려고 노력한다.

- 근검절약을 잘하며 절제력이 있다.
- 좋은 결단을 내리고 예리한 조언을 한다.
- 맡은 일에 성실하고 책임감이 강하다.

2) 약점
- 진리를 발견하지 못할 때 자신의 나약함에 대한 괴리감으로 괴로워한다.
- 권위주의적인 사람과의 갈등이 심하다.
- 삶의 무의미함과 무기력함으로 인해 방황한다.
- 부정적 사고로 인한 자신의 부정적 모습 때문에 오는 갈등이 많다.
- 생각이 많아 자기의 능력을 잘 개발하지 못한다.
- 죄책감, 자기 학대, 자기 처벌이 많다.
- 유연성, 융통성, 표현력이 부족하다.
- 자신의 실수나 실패가 드러날 때 방어한다.
- 쉽게 용서를 잘 못한다.
- 스스로 정한 자신의 규칙 때문에 타인의 조언을 잘 듣지 못한다.

▶삶의 특징
- 규칙과 예의를 중요하게 생각한다.
- 강압적인 권위자에 대한 불신이 크다.
- 인간관계보다 일에 대한 애착이 더 크다.
- 행동하기 전에 생각을 많이 한다.
- 완벽하고 싶은 삶에 불안과 두려움이 많다.

- 삶의 기반을 완전하게 의미 있는 인생으로 살고 싶어 한다.
- 자신만의 신념을 고수하기 때문에 사람과의 관계가 불편해
  질 때도 있다.
- 도덕적인 삶에서 벗어나는 일을 했을 때 부정적인 생각에 사
  로잡힌다.
- 옳고 그름, 진리를 중시하는 것에 가치관을 두고 있다.
- 진실함과 성실함이 가치 있는 삶이라고 생각한다.
- 예의 없는 사람에게 부정적인 평가를 잘하고, 상대에게 칭
  찬이 인색하다.
- 자기만의 기준이 있어 상대가 그 기준에 맞추어 주길바란다.

▶원하는 환경
- 질서와 규칙이 있는 체계적인 환경을 원한다.
- 자기만의 공간과 시간을 가지는 환경을 원한다.
- 청결하고 정리 정돈이 된 곳에서 일할 수 있는 환경을 원한다.
- 스스로 결정하고 선택하는 환경을 원한다.
- 깊은 대화를 나눌 수 있는 소수의 사람과 함께 있는 환경을
  원한다.
- 자신의 완벽함을 인정받는 환경을 원한다.
- 근검절약과 절제하는 생활 환경을 원한다.

▶자기관리(보완)
- 본인의 기준에 모든 사람이 따라야 하는 생각을 내려놓아야
  한다.
- 부정적인 시각보다 긍정적인 시각으로 보는 것이 필요하다.

- 상대의 실수에 비난하기 전에 이해해 보려는 마음이 필요하다.
- 상대의 좋은 면을 찾아서 칭찬과 격려를 해야 한다.
- 사람과 일을 예민하게 보지 말고 여유와 넉넉함으로 보아야 한다.
- 모든 일을 완벽하게 해야 한다는 생각을 내려놓아야 한다.

▶자기 이해

'진리가 무엇인가?, 가치 있는 삶이 무엇인가?'를 스스로 고민하며 이것을 위해 이들은 탐구욕과 지식욕을 갖는다. 이들이 추구하는 진리와 가치는 인간관계에서 얻어지는 것이 아니라, 스스로 탐구하며 발견해 가야 한다고 생각한다. 이들은 자기가 발견하는 진리나 가치에 상당한 희열과 자부심을 가지고 있다. 이들은 어떤 분야에 대해 자신만의 소신과 고집이 있다. 이들은 에너지를 사교에 쓰지 않고 탐구에 쓰며 매우 분석적인 능력을 가지고 있다. 또한, 이들은 조용히 혼자 있는 시간을 좋아하며 비사교적인 생활을 오히려 편안하게 생각한다.

◆ C(Choleric)기질에 대한 이해

C기질은 표현은 큰 반면에, 반응이 약한 외향성의 사람들이다.

이들은 목표성취에 대한 욕구가 강하고 일에 대한 확신과 추진하는 능력이 있어 불가능한 일도 가능하게 만들어 간다. 강한 의지력, 책임감, 결단력이 있어 리더의 자리에 있기를 원한다. 다른 사람들을 지시하고 명령하며 지배 · 통제 하는 것을 잘한다. 일과 관계를 실속 있게 하며, 필요하지 않을 때는 과감하게 정리를 잘한다. 이들은 상대의 조언을 거의 듣지 않으려고 한다. 오히려 상대를 동기부여 시켜서 자신의 목표에 동참하게 한다. 이들에게는 리더의 자리를 만들어 주고 일과 관계에 대한 통제를 맡길 때 멋진 지도자의 모습을 나타내 보일 것이다.

* C기질이 인간관계를 할 때는 사랑과 부드러움, 특히 연민의 정을 감정적으로 거의 표현하지 않으려 한다. 인간관계에서 자신의 필요에 따라 선택적인 교제를 한다. 인간관계에서 본인의 말에 순응해 주고 잘 따라주는 사람에게 호의를 베푼다. 특히 느리고 게으른 사람을 볼 때 답답하게 여기며 가까이하지 않는다. 이들은 인간관계를 할 때 매너 있는 말과 행동으로 사람들에게 친근감을 주며 교제를 잘하는 기질의 특징을 가지고 있다.

* C기질이 일할 때는 일에 대해 지칠 줄 모르는 추진력으로 성공사례를 많이 만들어 낸다. 이들은 목표를 달성하기 위해서 과로하

는 경향이 있으며, 목표가 생기면 자신의 모든 에너지를 목표를 위해서 전심전력으로 사용한다. 특히 일 못하는 사람을 보면 더 강한 지배·통제를 한다. 특별히 일을 잘하는 사람에 대한 인정과 칭찬은 아끼지 않는다. 이들은 이룰 목표가 없을 때 매우 우울해하며 의기소침해지는 기질적 특징이 있다.

▶C기질의 주된 4가지 욕구

1) 목표성취에 대한 욕구

- 목표에 대한 책임감과 의지력, 결단력이 강한 사람이다.
- 목표를 위해 사람들을 사귀고 지식정보를 습득하고 자료를 수집한다.
- 자기의 성취 능력을 확신하고 자신의 방법과 판단을 최선으로 여긴다.
- 목표를 이루기 위해 개인적인 사정과 인정에 이끌리지 않는다.
- 목표가 생기지 않을 때 의기소침해진다.

2) 지배·통제에 대한 욕구

- 상대에게 지시·명령·통제할 때 에너지가 생긴다.
- 통제를 할 수 있는 일이나 관계를 선호한다.
- 자신이 생각하는 방법이 옳다고 생각하여 강요하며 통제하려고 한다.
- 역으로 상대의 잔소리, 즉 통제당하고 간섭받는 것을 매우 싫어한다.
- 자신의 통제안으로 들어오는 사람에게는 매우 호의적이다.

3) 독립에 대한 욕구

- 함께하는 일보다 독립적인 일을 더 선호한다.
- 자신만이 지시할 수 있는 독립적인 곳을 선택한다.
- 누군가의 의견에 의지하지 않고 독립적으로 결정한다.
- 주도적으로 자기중심적인 일과 관계를 형성한다.
- 과감한 결단력과 책임감으로 고도의 독립성이 있다.

4) 찬사에 대한 욕구

- 자신이 성취한 일에 찬사를 받는 것을 매우 당연하게 생각한다.
- 목표를 이루는 목적은 찬사를 받기 위해서이다.
- 찬사를 잘 보내는 사람과의 관계를 지속한다.
- 찬사를 받을 때 순한 양이 된다.
- 크고 작은 일에 찬사를 받고 싶어 한다.

▶강점과 약점

1) 강점

- 뛰어난 리더십을 가지고 있다.
- 일에 대한 성취 능력과 지칠 줄 모르는 추진력이 있다.
- 강한 의지와 책임감과 결단력이 있어서 하던 일을 잘 포기하지 않는다.
- 열악한 환경에서 더욱 강해지는 열정이 있다.
- 대인관계에서 자신감이 있고 사교적이다.
- 인간관계의 기술이 발달 되어 있다.
- 사람들의 재능과 능력을 잘 개발하고 동기부여를 시키는 능

력이 있다.

- 상황에 따라 필요하면 아낌없는 칭찬과 격려를 해준다.
- 슬픔이나 절망감에 오래 빠져있지 않는다.
- 새로운 일을 잘 찾아내고 도전과 시도를 잘한다.

2) 약점

- 능력에 대한 찬사를 보내지 않을 때 상처를 받는다.
- 부정적인 말에는 귀를 기울이지 않으려 한다.
- 상대방의 충고를 싫어하여 다가올 문제점을 대비하지 못하는 경우가 있다.
- 자신의 목표성취에 필요한 사람이 동기부여가 되지 않으면 분노한다.
- 상대방의 지시나 명령에 순종이 어렵다.
- 최고의 위치가 다른 사람에게 옮겨가면 견디지 못한다.
- 느리고, 의지력이 약하며 무능한 사람에게 상처를 준다.
- 자기주장이 강한 사람들과 잘 부딪친다.
- 자신에게는 관대하고 타인에게는 엄격하다.
- 항상 자기중심적이며 자기 생각이 옳다고 생각한다.

▶삶의 특징

- 지도력이 있어 지배·통제를 잘한다.
- 목표를 향한 일의 성과가 반드시 나와야 한다.
- 인간관계보다 목표 성취할 일에 더 관심이 있다.
- 작은 일에도 찬사가 꼭 필요하다.
- 순응적이고 순종하는 사람들과 더 많은 것을 나눈다.

- 일을 잘하는 사람에게 우호적인 태도를 보인다.
- 일에 대하여 사각지대를 잘 보고, 가능성의 유무를 재빠르게 판단한다.
- 목표성취를 위해 모든 에너지를 쏟으며 성취를 위해 사람을 수단화한다.
- 목표가 있을 때는 열정이 있으나 목표가없을 땐 상실감에 빠진다.
- 목표가 정해지면 어떠한 방법으로든 그 일을 해내는 능력이 있다.
- 어느 곳에서나 자신만의 능력을 인정받길 원한다.
- 목표한 일을 이루기 위해서 사람과의 관계를 잘 활용한다.

4) 원하는 환경

- 일을 할 때는 독립적인 환경을 원한다.
- 중요한 위치와 권위가 주어진 환경을 원한다.
- 목적이 있는 중요한 과업이 주어진 환경을 원한다.
- 책임자, 리더로서 인정받는 환경을 원한다.
- 순응적인 사람들과 함께 일하는 환경을 원한다.
- 자신의 목표를 이루도록 응원해 주는 환경을 원한다.
- 사소한 일에도 찬사를 자주 해주는 환경을 원한다.

▶자기관리(보완)

- 일보다 사람을 소중하게 생각하고 존중하는 마음을 가져야 한다.
- 급한 마음보다 느긋한 마음을 가지도록 해야 한다.

- 지시어 · 명령어보다 부드럽고 따뜻한 말을 사용해야 한다.
- 상대를 통제하고 요구하기보다는 팀워크라는 마음을 가져야 한다.
- 멘토를 두고 멘토의 조언을 들을 줄 알아야 한다.
- 약자를 위한 배려를 해주어야 한다.

▶자기 이해

일과 사람을 지배하고 통제하는 것을 좋아하며 매사에 적극적인 행동을 하는 사람들이다. 이들은 강자를 만나면 강해지고 약자를 만나면 권위적인 모습이 된다. 자신이 생각하는 대로 일이 진행되는 것을 좋아하며, 지시한 대로 하지 않고 순응하지 않을 때 화를 쉽게 내고 순간적으로 폭발을 한다. 과정보다 결과를 중시하며, 목표 달성을 위해 시간, 물질, 열정을 다해서 매진한다. 미래에 대한 확신이 없는 사람을 좋아하지 않으며 다소 표현 방법이 단도직입적이다. 또한 자신의 나약한 모습을 타인에게 내비치는 것을 싫어한다. 대화에 있어서는 주도적이며, 상대의 얘기가 길어지면 불만스러워하며 자신의 이야기에 상대가 경청해 주길 바란다.

◈ Su(supine)기질에 대한 이해

Su기질은 자기표현은 약하지만, 반응을 잘하는 내향성의 사람들이다.

이들은 자기주장을 잘하지 않는 피지배적 성향이 크다. 모든 사람에게 잘 반응하는 기질이며 인정받고 싶은 욕구는 크나 표현을 잘하지 못한다. 이들은 관계 지향적인 사람들이라 다른 사람과의 신뢰 관계를 형성하기 위해 봉사와 헌신을 잘하고, 그 헌신과 봉사를 통해서 인정받고 싶어 한다. 또한, 이들은 마음이 여리고 강력한 결단력이 없어서 상대의 부탁이나 요구를 잘 거절하지 못한다. 거절이 힘들어 일을 맡고 과로할 때도 있다. 이들은 자신 있게 거절하고 결단하는 사람들을 부러워하기도 한다.

  * **Su기질이 인간관계를 할 때**는 자연스럽게 교제하며 상대를 위해서 도움을 주고 섬기고 싶은 마음을 가지고 있다. 특히 자신이 소속된 곳에서는 아낌없는 헌신과 봉사를 하지만 리더로부터 인정을 받지 못할 때는 상처를 쉽게 받고 낮은 자존감을 가지게 된다. 이들은 모임에 참여하는 것을 좋아하지만 자신의 의견이나 의사를 잘 표현하지는 않는다. 항상 상대의 마음을 읽어 주고 공감해 주려고 한다. 특히 이들은 자신을 리드해 주는 사람을 필요로 하며 신뢰 관계가 형성된 사람에게 의존하려는 기질적 특징을 가지고 있다.

*__Su기질이 일할 때__는 결정하고 결단하는 것이 약하므로 늘 의존

할 사람을 찾는다. 이들은 비활동적이고 무관심한 것처럼 보일 수 있으나 실제로는 일하는 곳에 동참하고 싶어 한다. 이들은 추진해서 이끌어가는 일보다는 맡겨준 일에 책임감과 성실함으로 도와주는 일을 좋아한다. 이들은 일할 때 게으름을 피우지 않고 최선을 다하므로 오히려 자신을 돌보지 않을 때가 많다. 이러한 이유는 소속에 유익을 주고 싶은 마음과 그 일을 책임자로부터 인정을 받고 싶은 마음이 있기 때문이다. 또한, 일할 때 동료들과의 화합을 이루기 위해 스스로 섬김의 자리에서 상대의 필요를 잘 챙겨주려는 기질적 특징을 가지고 있다.

▶Su기질의 주된 4가지 욕구

1) 신뢰에 대한 욕구
- 신뢰 관계를 형성하려는 태도가 타인에 대한 헌신과 봉사로 나타난다.
- 신뢰를 받고자 하는 욕구가 잘 채워지지 않으면 많은 상처를 받는다.
- 상대의 사랑과 정을 많이 원하지만 표현하지 않아 잘 채워지지 않는다.
- 신뢰 관계가 형성되면 잘 깨어지지 않는다.
- 지도자와의 신뢰 관계를 크게 원한다.

2) 헌신과 봉사에 대한 욕구
- 위대한 봉사와 헌신의 능력자이다.
- 숨은 봉사를 좋아하지만 인정받기를 원한다.
- 항상 타인을 배려하는 마음을 가지고 있다.

‒ 스스로 헌신과 봉사의 자리를 찾아낸다.

‒ 자신의 헌신이 개인과 단체에 도움이 되길 바란다.

3) 소속에 대한 욕구

‒ 단체에 소속되기를 원하지만 자진해서 참여하지 못한다.

‒ 소속된 곳에서 제외되면 상처를 받는다.

‒ 상대가 자신을 어떤 단체에 소속 시켜주길 원한다.

‒ 소속된 곳의 리더를 소중하게 생각한다.

‒ 소속된 곳에 대한 자부심이 매우 크다.

4) 의존에 대한 욕구

‒ 자신이 의존할 대상이 필요하다.

‒ 자신의 의견보다 상대의 의견을 존중한다.

‒ 의존할 대상이 없을 때 불안감을 느낀다.

‒ 다른 사람이 접근하지 않으면 고립적인 사람이 된다.

‒ 의존할 대상이 자신의 욕구를 알아주기를 원한다.

▶강점과 약점

1) 강점

‒ 타인을 섬기며 봉사하고 헌신하는 능력이 있다.

‒ 상대를 세심하게 보며 친절하게 배려한다.

‒ 완전한 인간관계를 이루는 능력이 있다.

‒ 온화하며 부드러운 마음을 가지고 있다.

‒ 지도자를 통해 비전을 이룬다.

‒ 다른 사람의 장점을 칭찬하고 약점은 덮어준다.

- 가정을 충실하게 책임진다.
- 상대의 의견에 순응적이다.
- 상대의 필요를 잘 알고 잘 챙겨준다.
- 약자들을 잘 이해하고 함께해 주는 따뜻한 마음이 있다.

2) 약점
- 무리한 희생을 하면서 일을 한다.
- 결정과 결단력이 부족하다.
- 타인에 의해 좌우되는 삶을 살아갈 수 있다.
- 대인관계에 대한 두려움이 있다.
- 열등감이 높고, 자존감이 낮다.
- 표현을 잘하지 않아서 그의 감정을 알기 어렵다.
- 상대의 요구를 거절하지 못해 스스로 고통스럽게 산다.
- 자신의 건강을 돌보지 않는다.
- 희생과 헌신을 인정받지 못하면 상처를 잘 받는다.
- 억압된 분노로 인해 순간적으로 난폭해진다.

▶삶의 특징
- 자신이 원하는 것에 대하여 표현하는 것이 부족하다.
- 순간적인 분노의 감정을 억제하지 못할 때가 있다.
- 소속된 곳의 리더로부터 인정을 받을 때 더 헌신적인 삶을 산다.
- 사람을 세워주기 위해 헌신과 봉사를 할 때 삶의 보람을 느낀다.
- 상대에게 의존하고 소속감을 느낄 때, 삶의 안정감을 느낀다.

- 인간관계에서 받은 상처를 쉽게 드러내지 않는다.
- 지도자에 의해서 삶의 방향이 바뀔 수 있다.
- 자신의 헌신과 봉사가 상대에게 큰 도움이 되는 것에 삶의 가치를 둔다.
- 상대방이 필요한 헌신과 봉사에 큰 관심을 둔다.
- 타인이 원하는 것에 집중할 때가 많다.
- 하는 일에 대해서는 어떠한 결정이라도 쉽게 하지 못한다.
- 사소한 일이라도 스스로 결정하는 것을 어렵게 생각한다.

▶ 원하는 환경
- 통제와 구체적인 지시가 주어지는 환경을 원한다.
- 헌신과 봉사를 할 수 있는 환경을 원한다.
- 진정으로 인정받고 신뢰를 받는 환경을 원한다.
- 자신을 이끌어 주는 지도자가 있는 환경을 원한다.
- 일대일의 관계를 통해 깊은 대화를 나눌 수 있는 환경을 원한다.
- 소속감이 있는 환경에서 일하기를 원한다.
- 자신이 결정하고 책임지지 않는 환경을 원한다.

▶ 자기관리(보완)
- 자기 자신을 믿고 작은 일부터 결정과 결단을 해보아야 한다.
- 자기 의견과 소신, 거절을 표현해 보아야 한다.
- 분노가 생길 때 온유한 방법으로 대화를 시도해 보아야 한다.
- 무리한 헌신을 자제해야 한다.
- 단체나 소속에 대한 결정을 본인이 확인 후 직접 결정해야

한다.

  – 지도자에 대한 의존도를 조금 줄여 보아야 한다.

▶자기 이해

Su기질은 헌신이나 섬김에 효과적인 칭찬을 많이 필요로 하며, 이들은 느낌이나 감정을 말로 직접 표현해 주는 것을 좋아한다. 예를 들어 "이 일을 도와줘서 고마워" "정말 수고 많았어."등의 표현이 전달될 때 신뢰감이 형성되는 관계를 만들어 간다. 특히 이들은 지도자와의 관계를 소중하게 생각하기 때문에 늘 받던 칭찬과 지지가 적어지면 불안을 느낀다. 때로는 결정을 빨리하지 못할 때 차분히 기다려 주어야 하며, 결정을 한 후에는 사소한 것이라 할지라도 인정해 주고, 격려가 필요하다.

◈ P(Phlegmatic)기질에 대한 이해

P기질은 표현과 반응이 적당한 내향성의 사람들이다.

이들은 독특하게도 외부로부터 채울 수 있는 기질상의 욕구가 적으며, 심리적인 에너지 또한 적은 사람들이다. 이들은 자신의 안전을 지키려는 욕구가 크다. 이러한 이유로 적당히 반응하고 적당히 표현하면서 적당한 인간관계를 유지하려고 한다. 이들은 늘 자신을 위해서 조용하게 휴식을 취하려고 한다. 이들은 자신의 감정을 잘 조절하는 사람들이며 쉽게 분노하지도 않고 과장된 표현도 잘하지 않는다. 감정적으로 격함이 없어 중재자 역할을 잘 수행한다.

* **P기질이 인간관계를 할 때**는 이들은 분쟁과 다툼을 싫어하며 항상 안전하고 평화로운 관계를 선호하기 때문에 좋은 관계를 위해 많은 양보와 배려를 한다. 이들은 자신의 주변 사람들에게 변화와 개혁을 잘 요구하지 않으며, 상대의 살아가는 방향이나 방법에 크게 관여하지 않아 무관심한 사람으로 보일 수도 있다. 특히 자녀들의 안전을 위해서 예민하고 소심하게 교육하는 기질적 특징을 가지고 있다.

* **P기질이 일할 때**는 매우 정밀하고 정확성이 있는 일은 잘하지만, 일에 속도는 매우 느리게 진행된다. 또한, 일할 때는 융통성보다는 완고한 편이다. 일이 진행되는 방향도 의논을 잘하지 않으며 말없이 자기 소신대로 밀고 나간다. 또한 일을 할 때 안전에 대한

계획을 신중하게 세운다. 이들은 일할 때는 냉정하게 처리하며 사소한 일이라도 문제가 발생하지 않도록 세밀하게 검토하는 기질적 특징을 가지고 있다.

▶P기질의 주된 4가지 욕구

1) 에너지 보호에 대한 욕구

- 행동에 대한 에너지가 적어서 쉽게 지친다.
- 에너지 소모에 대한 두려움이 있다.
- 과격한 행동과 많은 에너지 분출을 피하려고 한다.
- 적은 에너지를 써서 효율적으로 일할 궁리를 한다.
- 항상 에너지를 보호하기 위해서 휴식을 찾는다.

2) 안전에 대한 욕구

- 안전에 대한 집착이 강하다.
- 치우치지 않고 적당한 인간관계와 적당한 표현을 통해 거리를 유지한다.
- 타인의 삶에 깊이 연루되는 것을 피한다.
- 마음의 안전을 위해서 사람을 잘 용서하며, 원한과 복수심을 품지 않는다.
- 과격한 일이나 행동을 절제한다.

3) 휴식에 대한 욕구

- 휴식을 통해서 에너지가 충전된다.
- 휴식이 필요한 것에 대하여 인정을 받고 싶어 한다.
- 휴식을 통해서 생활의 스트레스를 회복하려고 한다.

- 휴식에 대한 이해가 필요하다.
- 휴식이 없다면 다른 일에 집중을 잘하지 못한다.

4) 자기 보호에 대한 욕구

- 자기 보호를 위해서 심사숙고한다.
- 갈등 관계에서 중재자 역할을 잘한다.
- 자기방어가 강하다.
- 위험한 상황은 미리미리 피한다.
- 적대적인 관계를 만들지 않고 누구와도 잘 지낸다.

▶강점과 약점

1) 강점

- 안전을 지키는 능력이 있다.
- 정밀하고 정확한 일에 능력이 있다.
- 평화와 안전을 위해서 중재자 역할을 잘한다.
- 이해심과 수용력이 크다.
- 변화의 기복이 적고 잘 흥분하지 않는다.
- 원한이나 복수심을 잘 품지 않는다.
- 중독이나 유혹에 빠질 염려가 적다.
- 한번 시작한 일은 잘 중단하지 않는다.
- 현실적인 해결책을 제시한다.
- 감정 조절을 잘한다.

2) 약점

- 삶의 변화와 발전이 약하다.

- 비활동적이고 무기력하다.
- 문제와 해결책을 알고 있지만, 개혁을 시도하지 않는다.
- 건조한 언어로 상대에게 상처를 쉽게 준다.
- 에너지 소모로 인해 사람들에게 헌신을 기피 한다.
- 게으르고 나태한 생활을 한다.
- 자기방어적이며, 고집스럽고 완고하다.
- 감정적으로 냉랭하다.
- 에너지 소모에 대하여 걱정이 크다.
- 전체를 보는 시야가 좁다.

▶삶의 특징
- 헌신과 섬김에 대한 에너지의 한계가 있다.
- 평화와 안전이 보장되는 일이나 관계를 선호한다.
- 에너지가 소모되는 것을 염려하여 소극적인 표현과 행동을 한다.
- 자기만의 소신(고집)이 강하다.
- 안전과 평화로운 삶을 지향한다.
- 환경과 사람과의 평화를 위해 일과 관계를 동시에 중요하게 생각한다.
- 정밀한 일을 선호하며, 단체보다 독립적인 삶을 선호한다.
- 에너지를 소모하지 않는 일이나 관계를 선호하는 삶을 산다.
- 안전을 유지하는 삶을 사는 것에 가치를 둔다.
- 강압적인 부모로부터 독립된 평화로운 삶을 살고 싶어 한다.
- 평화를 위해서 화를 잘 내지 않고, 다툼이나 경쟁을 잘하지 않는다.

- 일할 때 느리지만 인내심과 책임감으로 끝까지 마무리를 잘한다.

▶원하는 환경
- 에너지 충전을 위해 휴식을 취할 수 있는 환경을 원한다.
- 다툼과 경쟁이 없는 평화롭고 안정적인 환경을 원한다.
- 급하고 강압적인 사람이 없는 환경을 원한다.
- 명령을 받지 않고 스스로 결정하는 독립적인 환경을 원한다.
- 신체적으로 비활동적인 환경을 원한다.
- 소수의 사람과 조용히 깊이 연구할 수 있는 환경을 원한다.
- 에너지 소모를 위해 말을 많이 하지 않는 환경을 원한다.

▶자기관리(보완)
- 상대에 대한 관심도를 높여야 한다.
- 상대의 질문에 빠른 대답과 표현을 해줘야 한다.
- 생각만 하지 말고 행동으로 보여주어야 한다.
- 본인의 생각과 감정을 상대와 공유하려는 시도를 해봐야 한다.
- 쉼과 휴식에 너무 많은 시간을 뺏기지 말아야 한다.
- 안전에만 집착하지 말아야 한다.

▶자기 이해
P기질은 일과 인간관계가 복잡하게 얽혀있는 것을 싫어하며, 안전한 일과 인간관계를 선호한다. 순탄한 인간관계를 원하기 때문에 과격한 사람들과의 만남을 피하는 경우도 있다. 이들은 천천히 오

래 가는 사람이기에 일을 할 때도 오직 한 길, 한 마음으로 정착하고 뿌리를 잘 내린다. 겉으론 늘 평온한 사람처럼 보이나 안으로는 긴장감을 안고 있으며 안정과 평화가 깨어질까봐 늘 두려워하는 마음이 있다. 또한 상대가 나를 움직이려고 할 때 우울해하며, 마음의 고통을 느낀다.

P기질은 정박 되어 있는 배 같은 사람이라 안전을 추구하며, 바다에 대한 두려움으로 현장의 경험을 얻지 못한다.

3. 기질에서 나타난 영역별 특징

＊ 기질의 세 가지 영역

세 가지 영역에서 인간의 욕구는 인간 상호관계에서 인간의 행동을 규정한다. 그리고 이 영역은 분명히 구별되고 측정할 수 있다.

1. 일반관계 (inclusion : 사회적 영역)

표면적인 인간관계, 곧 연합(소속)과 사회생활의 영역에서 사람들과 만족할 만한 관계를 형성하고 유지하려는 욕구이다. 사회성(Inclusion)은 일반적으로 사회생활을 위해서 사람들이 자기에게 접근하기를 원하는 욕구이다. 이 영역은 인간관계를 위한 연합과 사회생활의 과정에서 얼마나 많은 사람에게 접근하려고 하는가와 얼마나 많은 사람이 자신에게 접근하기를 원하는가를 측정한다. 사회성(Inclusion) 영역은 정서적(Affection) 영역과 다르게 다른 사람과 강한 감정적인 밀착 관계를 포함하고 있지 않다는 것에 차이점이 있다. 또 사회성(Inclusion) 영역은 사회적인 만남을 현저하게 표현하고 있는 것에 비하여 통제영역(Control)은 상호관계에 참여한 사람들에 대하여 얼마나 많은 통제력 곧 지배력을 나타내고 있는가를 평가한 것이다.

2. 일 관계 (Control : 통제적 영역)

지배하고 통제하는 힘을 행사하려는 면에서 사람들과 관계에서 만족할 만한 관계성을 유지하거나 형성하려는 욕구이다. 또한, 얼마나 많은 사람에게 자기 행동이 영향을 미치고 통제하도록 원하는가(허용하는가)에 대한 욕구이다. 통제적 욕구의 다른 점은 현저한 관계성의 욕구보다 지배성의 욕구가 크다. 또한, 감정적인 친밀감이라기보다 힘을 행사하려는 욕구이다.

3. 특별관계 (Affection : 정서적 영역)

애정과 친밀감의 욕구는 사랑과 애정에 관하여 다른 사람과 관계를 형성하고 유지하려는 욕구이다. 또한 얼마나 많은 사람으로부터 사랑과 애정을 원하고 있는가 하는 욕구를 측정한다. 애정은 기질에서 독특하다고 말할 수 있는데 그것은 소속의 영역과 통제의 영역에서는 많은 사람을 대상으로 하지만 애정의 욕구는 한 사람과 한 사람의 관계에서 발생한다는 점이다. 친밀감을 바라는 기질적인 욕구는 두 사람 사이에서 가깝고, 개인적이고, 감정적으로 친밀한 느낌을 얻으려는 것이다.

▶S기질의 영역별 특징

1) 일반관계 (사회성 영역)
- 많은 사람과 풍부하게 교제하는 능력이 있다.
- 다른 사람들로부터 관심과 집중을 받길 원한다.
- 적극적이고 열정적이다.
- 솔직하고 개방적이다.
- 변화를 좋아하고 호기심이 많다.

- 사교모임을 좋아하여 자주 참여한다.
- 교제를 위해서 많은 돈과 시간을 사용한다.
- 독특한 표정과 언어를 잘 표현함으로 사람들의 관심을 끈다.
- 속마음을 잘 드러낸다.
- 주변 사람들의 가치관을 쉽게 받아들인다.

2) 특별관계 (정서적 영역)

- 사랑의 표현을 많이 하고, 사랑도 많이 받기를 원한다.
- 가벼운 스킨십을 좋아한다.
- 사랑을 표현하는 에너지가 넘친다.
- 현재 사랑하는 사람에게 감정적으로 충실하다.
- 새로운 사람과도 빠르게 친숙한 정을 나눌 수 있다.
- 사랑하는 사람에게는 유아적인 행동으로 대한다.
- 관계가 깨어진 불행한 상황에서도 빨리 벗어난다.
- 사랑과 정을 강요할 때도 있다.
- 일방적인 자기중심적 사랑으로 이끌어간다.
- 사랑하는 사람의 마음을 진지하게 잘 알아주지 못한다.

3) 일 관계 (통제적 영역)

- 인정받기 위해서 일을 한다.
- 일에 재미를 느끼지 못하면 금방 포기한다.
- 긍정적, 낙관적으로 일을 바라본다.
- 혼자보다 여러 사람과 함께 일하는 것을 좋아한다.
- 일을 할 때는 즐겁고 재미있게 한다.
- 부정적인 상황을 회피하는 경향이 있어서 실수할 확률이 높다.

- 즉흥적으로 일을 하는 경향이 있고, 체계적이지 못하다.
- 열정적으로 일하다가도 끈기가 부족해서 쉽게 지친다.
- 과거의 실패를 깊이 생각하지 않는다.
- 규칙에 얽매여서 하는 일보다 자유롭게 움직이는 일을 좋아한다.

▶S기질의 사례

S(55, 여, 자영업자)씨는 전형적인 충동성 S기질이다.

1. 주된 욕구

1) 교제에 대한 욕구

백화점 식당 종업원, 금은방 홍보, 보험영업, 화장품 네트워크, 가짜 명품 가방 판매, 천연 염색 방에 이르기까지 많은 직업을 전전한 내담자의 직업 선택의 기준은 늘 돈과 사람관계로 이어지고 있다.

2) 인정을 받으려는 욕구

그녀는 영업에서 인정받기 위해 무리하게 일을 진행했고 그로 인해 수년간 매달 카드 결제 금액이 천만 원이 넘었다고 한다. 그 결과로 가족들에게 인정받지 못하게 되었고, 그 외로움의 보상으로 사람 대신 애완견 2마리에게 애정을 쏟고 있다. 또한 평소에 손님들에게 "나 일 열심히 하지 않느냐?", "살 빠져 보이지 않느냐?" "피부 좋아져 보이지 않느냐?" 등을 즐겨 묻기 좋아한다. 최근에는 좋아하는 지인의 소개로 교회를 다니게 되었으나 그 교회에서 존재감이 없자 인정받을 수 있고, 교제가 잘 되는 작은 교회로 옮겨서 종교 생활을 하고 있다.

3) 관심을 받으려는 욕구

올해 시집간 딸과 사위에게 본인의 허전한 마음을 카톡에 장문의 글로 작성하여 마치 일기처럼 자주 보내길 좋아한다.

4) 자기를 표출하려는 욕구

시집가는 딸에게 김태희가 광고하는 비싼 이불을 사줬다며 만나는 사람마다 자랑하고, 명품을 좋아한다. 그러나 그녀는 짝퉁 가방을 판매하며 명품 대신에 짝퉁이라도 소유하고 있음에 대리만족으로 행복해한다. 현재 경제력으론 감당할 수 없는 비싼 외제 차를 사고 싶어 한다.

2. 행동경향
1) 일반관계 영역

밝고 따뜻한 S씨의 성향은 1년 만에 사업장에 제법 많은 단골을 만들어 냈다. 그러나 호기심이 많고 사람들의 말에 쉽게 현혹되는 S씨는 최근 친구에게 주름 개선에 탁월한 화장품이 있다는 정보를 듣고 가게 문을 닫고 그 회사까지 찾아가 설명회에 참석한 후, 그 자리에서 50개의 제품을 구매하려 5백여만 원 정도의 카드 결제를 하고 돌아와서는 이걸 어떻게 다 팔아야 하냐며 근심에 쌓여 있다.

또한 저녁에 있을 모임을 위해 파마를 한 채로 영업을 하고 있었는데 염색약을 바른 손님의 머리 감을 시간이 안 되었는데도 자신 머리에 중화제를 바르러 가야 한다며 손님에게 지금 머리를 감자고 하는가 하더니 그것마저 여의치 않자, 자기는 당장 가야 하니 손님보고 직접 머리를 감으라고 하곤 본인의 머리에 중화제를 바르러 나가버렸다.

2) 특별관계 영역

부부 사이가 좋지 않아 자녀들에게 많은 사랑을 쏟는다. 아들과 공원에서 친구처럼 사진을 찍길 좋아하며, 수시로 딸에게 사랑의 감정을 표현하는데 그에 대해 답장이 없는 딸 때문에 자주 우울해한다.

3) 일 관계 영역

영업실적을 높이기 위해 무리한 카드 결제를 한다. 영업에 특히 열정을 다하며 좋아하는 사람을 따라 직업을 바꾸기도 하지만 그 열정이 그리 오래 가지 않고 쉽게 지쳐 그만두는 경우가 많았다. 과거의 수 없는 실패 원인은 이기적인 리더 때문이었다고 생각하며 본인을 희생자라고 강조한다. 어떤 일이든 쉽게 시작하니 염색가게임에도 불구하고 속옷, 가짜 명품 가방, 치약, 화장품, 악세사리, 소품 등이 판매 목적으로 어지럽게 진열되어 있고 지금도 이와 같은 실수를 반복하고 있다.

3. 현재 내적 갈등

남편의 퇴직으로 인한 경제적 불안을 가장 걱정하면서도 헬스트레이너인 아들이 제대하면 본인의 경제적인 문제와 건강 문제가 해결될 것이라고 기대하고 있는 천진난만한 엄마이기도 하다.

▶M기질의 영역별 특징

1) 일반관계 (사회성 영역)

- 인간관계를 신중하게 생각하면서 한다.
- 많은 사람보다 마음에 맞는 소수의 사람과 교제한다.

- 대화할 때 근원적이고 논리적으로 한다.
- 다양한 지식과 정보를 나누어주고 싶어 한다.
- 근검절약하며 검소한 삶을 산다.
- 밝고 긍정적인 사람들을 좋아한다.
- 낯가림이 있으며 냉정하고 비사교적이다.
- 부정적 사고방식으로 자신과 주변 사람을 바라본다.
- 열등감은 낮고 동시에 자존심이 강하다.
- 예의 없는 사람을 경계한다.

2) 특별관계 (정서적 영역)
- 완전한 사랑을 하길 원한다.
- 사랑하는 사람을 위해 최선을 다한다.
- 깊고 부드러운 사랑이 있으나 잘 표현하지 않는다.
- 가정에 대한 애착과 성실함을 많이 보인다.
- 가족들에게 자기희생을 아끼지 않는다.
- 배우자나 자녀에게 집중한다.
- 가족들에게 칭찬을 잘하지 못한다.
- 사랑하는 사람과 함께 있어도 외로움을 느낀다.
- 사랑과 정을 오래 기억한다.
- 마음을 잘 드러내지 않는다.

3) 일 관계 (통제적 영역)
- 인생을 일로 보는 과업 지향주의다.
- 작은 실수도 용납하지 못하며, 완전주의로 일을 한다.
- 일을 근원적으로 살피고 종합적으로 검토한다.

- 일에 대한 자기 철학과 소신이 뚜렷하다.
- 의미 있는 일을 좋아하고 그 일에 최선을 다한다.
- 중요한 일을 할 때 결단을 내리는 시간이 오래 걸린다.
- 독립적인 환경에서 일하기를 원한다.
- 신용과 신뢰로 맺어진 인격적인 관계 속에서 일하기를 원한다.
- 자신이 맡은 일에서는 책임감을 발휘한다.
- 일할 때 예민하고 융통성이 부족하다.

▶M기질의 사례

M(49세, 남, 법조인)씨는 충동성 M기질이다.

1. 주된 욕구

1) 진리추구의 욕구

M씨는 삶, 정치, 경제, 종교에 관해 피상적 현상보다는 근본적인 진리를 파악하기 위해 다양하고 깊이 있게 접근하는 태도가 강하여 철학 서적, 불교 서적, 기독교 서적을 섭렵하고 인터넷 검색하는 것을 좋아한다.

대화할 때도 상대를 위한 립서비스나 분위기를 재밌게 하고자 과장하여 웃기는 일이 없이 사실 전달에 치중하여 말에 대한 신뢰성은 높으나 재미는 없다. 사는 동안 욕을 한 적도 없으며, 욕하는 사람과는 교제도 하지 않으며 경멸한다. 반복되는 실수를 용납하지 못하고 차후에 벌어질 상황을 예상하며 움직이길 원한다.

예를 들어, 식탁에서 식사 중에 아이가 가까이 오면 물컵의 위치를 안전하게 옮겨 놓아야 하고, 마트에서 카트를 움직일 때는 주변을 살피고 사람들의 움직임을 예상하여 부딪치는 일이 없도록 최대한 조심하기를 바란다. 음식은 반드시 앉은 자리에서 먹어야 하며 사용한 물건은 반드시 제자리에 가져다 두어야 한다. 업무에 있어서는 철저하고 완벽한 처리로 고객들에게 신뢰감이 높아 명성을 쌓아가고 있다.

2) 지식욕과 탐구의 욕구

그의 지식욕과 탐구의 욕구는 27년간 사법고시 준비를 했다는 것에서도 알 수 있고 종교, 정치, 스포츠 등에서 아주 깊이 있게 나타난다. 불교 신자이면서도 기독교 서적을 공부하고 골프를 배울 때도 시작 전에 이론 서적과 영상자료를 통해 지식을 습득한 후 실습에 들어가서 실수와 시행착오를 줄인다.

3) 완전주의의 욕구

깊이 있고 정확하게 알고 있지 않은 걸 말하는 사람을 그릇이 안된다고 표현하고 경멸하며 불쌍한 걸인이나 다정한 이웃에 대해 일단 부정적인 인식과 의심으로 경계심을 표현하며 쉽게 마음을 열지 않고 관계에 있어서 매우 신중한 태도를 보인다. 아내는 또 하나의 자신이기 때문에 조심성 없음과 준비 부족으로 인한 실수에 대해 매우 냉소적이다. 잘함의 기준이 높아서 칭찬을 듣기가 어렵다. 부동산 투자에 대한 정보가 많음에도 만일 하나 있을 위험부담 때문에 투자 시기를 매번 놓치고 그다지 재산형성에 대한 큰 욕심이 없다.

4) 비사교적이고 고립의 욕구

적이 없으며 선후배를 망라하여 많은 사람과 무난하게 관계를 유지한다. 본인이 인정하는 소수의 사람과 관계를 이어가며 집에 타인이 방문하는 것을 불편해한다. 집에서 조용한 시간을 보내기를 바라고 밤에는 조용히 혼자 음주하며 새벽까지 영화나 골프 보기를 즐겨한다.

2. 행동경향

1) 일반관계 영역

평소 내용이 없는 말이나 사실이 아닌 말을 늘어놓는 것을 싫어하고 농담을 수준이 낮다고 생각한다. 또한 농담도 품위 있는 농담을 원한다.

2) 특별관계 영역

아내에게는 엄마로서의 헌신을, 아이들에게는 기본적인 생활 습관을 엄격하게 요구하며, 성실한 직장생활과 주말에는 가족과 함께 한다는 원칙이 있다. 아내의 칭찬을 하지는 않으나 한 번씩 지인들과의 술자리에서 아내에 대한 고마움과 안쓰러움을 표현하고 간혹 이른 새벽 퇴근하여 한잔하고 돌아오는 날은 가족 수대로 장미꽃을 사서 오기도 한다. 상대의 잘못을 쉽게 마음으로부터 용서하지 못하고 오래 깊이 간직하기도 한다.

3) 일 관계 영역

아무리 친분이 있고 돈이 되는 일이라도 불법적인 요소가 있으면 단호히 거절하며 일 처리에 있어 검토에 검토, 확인에 확인을 거듭하여 실수가 없도록 처리한다. 장인어른의 부탁에도 어긋나는 일이거나 위험부담이 있는 일은 단호히 거절한다. 법무 법인회사에 소속된 직원으로 일할 때 비체계적인 일 처리와 직원 관리 운영에 불만을 품고 퇴직하여 법무사 사무실을 오픈하였으며 시험법무사 출신으로는 유일하게 성공적 한 사례로 회자될 정도로 사무실 운영을 잘하고 있다.

3. 현재 내적 갈등

내담자는 아내가 아이들에게 더 헌신적이길 바라고 좀 더 깊이 생각하고 말하기를 원하며 쉽게 사람을 믿고 사귀는 것을 개선해 주었으면 한다. 또한 수년 전 부부싸움을 잊지 못하고 용서할 수 없는 일이라며 가슴에 담아두고 있다.

▶C기질의 영역별 특징

1) 일반관계 (사회성 영역)

- 목표성취를 위해 선택적으로 사람과 교제한다.
- 뛰어난 교제의 기술이 있다.
- 선택적으로 사람을 사귄다.
- 매력적이고 자신감 있고 품위 있는 태도로 인간관계를 맺는다.
- 존경받는 위치와 최고의 자리에 있기를 원한다.
- 순응적인 사람들과의 교제를 선호한다.
- 자신감이 넘치고 사람을 압도하는 힘이 있다.
- 외향적이고 낙관적이며 매력적이다.
- 자신의 성취에 대하여 고정적으로 인정을 받아야 한다.
- 사회적 상호작용에서 주도권(통제, 조절)을 잡는다.

2) 특별관계 (정서적 영역)

- 필요에 따라 의도적으로 사랑과 정을 표현한다.
- 정서가 메말라 공감 능력이 부족할 때가 있다.
- 때론 사랑과 정을 중요하게 생각하지 않는다.
- 사랑하는 사람들과 인격적인 관계를 맺는데 서툴다.
- 자기중심적 방법으로 사랑과 정을 나누기를 원한다.
- 상대방이 깊은 인간관계를 원하면 돌아선다.
- 조건이 충족되지 않으면, 타인을 인격적인 관계로 받아들이지 않는다.
- 상대방의 욕구나 욕망을 개의치 않는다.
- 단호한 명령조의 언어를 사용한다.
- 중요한 사람이라 생각될 때 사랑을 과하게 표현한다.

3) 일 관계 (통제적 영역)

- 목표에 대한 확신과 결단력이 있고 의지가 강하다.
- 적재적소에 사람을 배치하는 능력이 있다.
- 목표가 있을 때 빠르게 추진하며 일한다.
- 개척정신과 모험심으로 도전을 잘한다.
- 자기 방법이 가장 옳다고 생각하므로 타인의 의견을 잘 수용하지 못한다.
- 목표를 이루기 위해서 냉정할 때가 있다.
- 순종적이고 유순한 사람들과 함께 일한다.
- 일은 성공적이지만 관계에서는 실패하기 쉽다.
- 단체를 단합시키고 조직화하는 능력이 있다.
- 성공에 대한 확신이 있으며, 항상 낙관적이다.

►C기질의 사례

C(69세, 남, 자영업자)씨는 S-1, C-22, M-5, P-4, Su-8 이다.

1. 주된 욕구

1) 목표성취 욕구

아이 셋의 아버지였던 그는 30년 전에 전 재산인 80만 원을 들고 부산으로 내려왔다. 그는 처자식을 굶길 수 없다는 책임감으로 택시 운전을 시작했다. 당시에는 한 대의 택시를 3명이 3교대 체제로 운행했는데 그는 관리자에게 사납금을 정상적으로 맞춰서 주는 조건으로 혼자 한 대를 도맡아 운행하기 시작했다. 그는 10년 동안 하루 3-4시간 쪽잠을 자며 무사고 모범운전자 표창을 받아 개인택시를 받게 되었다. 그 일로 집을 사고 자식들을 모두 대학을 보냈으며, 현재는 중심가에서 번듯한 모텔을 운영하는 사장님이 되어 있다.

그는 가난한 사람들은 모두 노력하지 않아서 그렇다고 생각하며 나에게 도움을 주지 않는 사람들을 굳이 사귈 필요가 없다고 생각한다. 그래서 친구들과 만나 밥 먹고 놀러 다니는 데 쓰는 돈이 제일 아깝다는 생각을 가지고 있다. 가족에게는 헌신하나 타인에게 지나치리만큼 냉정하다.

2) 지배 · 통제하려는 욕구

P+Su기질인 막내아들은 강한 아버지 밑에서 가장 큰 스트레스를 받은 자식이다. 그는 어려서부터 순하지만 야무지지 못하다는 이유로 늘 아버지로부터 잔소리와 원망의 질책을 받아왔다. 대학을 졸업한 아들은 아버지 그늘을 벗어나기 위해 항공사 취업 기회가 주

어져 취업하려고 했으나 아버지는 남자는 자기 사업을 해야 한다고 했다. 백날 남의 밑에 있어 봐야 월급쟁이로 남는다는 논리로 끝내 아들에게 자신과 함께 모텔을 운영하길 강요했다. 심한 갈등을 하던 아들은 어느 날 24시간 카운터에 앉아 꾸벅꾸벅 졸고 계시는 부모님을 보고 결국 자신의 꿈을 포기하고 아버지와 함께 모텔을 운영하기로 했다.

그러나 손님과 마찰 없이 좋은 이미지로 운영하려는 아들의 착한 운영법이 아버지 눈에는 늘 못마땅하다. 십 원도 남에게 손해 볼 이유가 없다는 아버지와 아들은 늘 긴장과 갈등상태이다. 아들은 아버지의 지시적이고 독재적이며 명령 일변도와 급한 성격에 자살 충동과 머리가 빠지는 극심한 스트레스에 시달렸다고 한다. 그러나 아버지는 아들의 그런 고민이 "네가 고생하지 않고 자라서 그렇다" 라고 대수롭지 않게 생각하고 있다. 유독 동정심을 느끼는 대상이 있는데 그건 절대복종하는 애완견이다.

3) 독립에 대한 욕구

어린 시절 C씨는 밖으로만 나도는 아버지로 인해 가난 속에서 자랐고 급기야 14살에 운동선수 생활을 했으나 그마저도 경제적인 문제를 해결하지 못하여 객지 생활을 하면서 일찍 장사를 시작하게 되었다.

4) 최고의 찬사를 받으려는 욕구

C씨는 자신이 결정한 일에 대해 누군가 반대하는 것을 참지 못한다. 특히 잦은 부부싸움의 원인은 아내가 자신이 결정한 일에 대해 반대할 때며, 가족 중 누군가 자신의 의견에 반대하면 TV와 라디오

에서 수집한 논리로 강한 설득에 나서게 되고 결국 가족은 그의 의견을 따르게 된다.

2. 행동경향

1) 일반관계 영역

C씨는 본인이 주도할 수 있는 모임이 아니면 참석하지 않는다. 말로는 누구한테도 지지 않을 자신이 있는데 배움이 짧아 체면이 서지 않는다고 생각하며 대화보다는 본인이 일방적으로 상대를 설득하는 강한 말투를 구사한다.

2) 특별관계 영역

자신의 요구대로 자라 준 C+Su인 큰딸에게는 절대적인 사랑과 지원을 해주지만 자신의 요구대로 따라주지 않는 낙천적인 S기질 둘째 딸과 P기질의 평화주의자 막내아들에 대해서는 대체로 무시하는 말투와 비난적이다. 부부싸움 중에는 아내에게 폭력과 폭언을 한다. 그러면서도 아내에게 선뜻 7백만 원짜리 밍크코트를 선물하기도 한다.

3) 일 관계 영역

C씨는 타고난 사업가의 감각이 있다. 집값의 절반에도 미치지 못하는 자금으로 집을 사는 방법과 그 자금으로 허름한 외지에 모텔을 사서 중심가의 번듯한 모텔로 키워오기까지 모두 그의 탁월한 선택이고 감각이었다. 그러나 모텔 종업원들에게는 존경받지 못한다. 종업원들의 게으름을 원망하며 좀 더 발 빠르게 행동하기를 끊임없이 요구하며 기본적으로 늘 불신하며 지시 명령을 한다.

3. C씨의 현재 내적 갈등

그의 아내는 건강과 체력이 떨어지면서 몇 년 전부터 사업장을 아들에게 맡기고 쉬고 싶어 하지만 C씨는 아직 더 일하고 싶어 하며 아내에게도 그렇게 요구한다. 더 일을 할 수 있는데 나이가 들어가는 것이 그에게는 가장 큰 슬픔이다. 그리고 가족과 일이 전부였던 그는 빈곤한 인간관계로 현재 외롭게 지내고 있다. 그래서 그는 자녀들에게 유산을 거론하며 서로 경쟁하듯 자신에게 더 잘 보이기 위해 노력하라고 당부하기도 한다.

▶Su기질의 영역별 특징

1) 일반관계 (사회적 영역)

- 상대를 향해 헌신적이고 순응적이다.
- 자신의 주장과 생각을 잘 표현하지 않는다.
- 소속되기를 원하나 표현하지 않는다.
- 중요한 모임에서 제외되거나 초대를 받지 못할 때 상처를 쉽게 받는다.
- 타인을 존중하고 자기를 낮춘다.
- 일대일 관계에서 잘 반응한다.
- 유순한 언어를 사용하고 겸손한 태도를 가지고 있다.
- 결정과 결단력이 약하다.
- 표현하지 않고 간접적인 행동을 한다.
- 안전하다고 생각하면 개방적으로 된다.

2) 특별관계 (정서적 영역)

- 많은 사랑을 받기 원하지만 잘 표현하지 않는다.

- 사랑하는 사람에게는 더 헌신적으로 섬긴다.
- 상대방에게 필요한 존재라는 확인을 받길 원한다.
- 평소에 유순하다가 순간적으로 '욱' 하며 표현할 때가 있다.
- 상처를 받았다고 생각하며 속으로 분노를 품고 있다.
- 끊임없이 사랑과 인정을 갈망한다.
- 사랑과 정이 많으며 온화한 마음을 가지고 있다.
- 사랑과 정을 간접적으로 요구하는 행동을 한다.
- 인정과 사랑을 받을 때 애교스러운 표현을 잘한다.
- 사랑하는 관계에서 거절에 대한 두려움이 있다.

3) 일 관계 (통제적 영역)
- 주어진 일에 헌신적으로 희생하며 일을 한다.
- 중요한 일을 할 때 다른 사람이 결정해 주기를 원한다.
- 일을 결정할 때 제외되면 상처를 받는다.
- 신뢰관계를 형성하기 위해 주어진 일에 충실히 최선을 다한다.
- 맡은 일에 책임과 규칙을 준수한다.
- 일이 힘들 때는 자신을 무능하다고 여긴다.
- 어떤 지도자를 만나느냐에 따라 삶의 방향이 달라진다.
- 자신이 한 일에 인정받지 못할 때 상처를 쉽게 받는다.
- 추진력 있게 일하는 사람에게 압도당한다.
- 상처를 잘 받으며 내면에 분노를 쌓아간다.

▶Su기질의 사례

Su(35세, 여, 가정주부)씨는 S-8, C-7, M-2, P-6, Su-17이다.

1. 주된 욕구

1) 인정받으려는 욕구

Su씨는 평생 하는 일 없이 알콜 중독과 폭행을 행사한 아버지로 인해 늘 불안하고 공포스러운 유년 시절을 보내야 했다. 장녀로서 인정받을 수 없었고 오직 엄마와 남동생을 지켜야 한다는 무거운 책임감만 있었다. 평생 아버지의 폭력을 견디며 사신 어머니는 딸의 결혼식을 일주일 앞두고 백혈병으로 돌아가셨다. 가장 인정받고 싶었던 엄마에게 그녀는 마지막 순간까지 보호자였다. Su씨에게 어머니는 불쌍하고 고마운 존재가 아니라 아버지의 폭력으로부터 자신들을 지켜주지 못한 무능하고 미련한 원망스러운 존재로 기억되고 있었다.

2) 헌신과 봉사의 욕구

Su씨는 야간 일을 하고 온 남편을 위해 어린아이들을 데리고 긴 시간을 바깥에서 보내기 위해 종종 7시간 동안 등산을 강행한다. 황령산을 넘어 부산 도심부까지 걸어간다. 또한 같은 학교에 다니는 아래층 아이들의 김밥을 본인이 싸주겠다고 했다고 하는데 아무런 이유가 없다. 그냥 Su씨 아이들의 김밥을 싸는 김에 싸주면 좋을 것 같아서 그랬다며 아이들과 어른들의 아침 식사량을 계산하여 새벽부터 일어나서 준비한다. 그러나 본인의 수고에 대해 인정이 없으면 표현하지 못하고 속을 끓으며 굉장히 섭섭해한다.

3) 소속되려는 욕구

Su씨의 약속된 일정이 있음에도 불구하고 딸의 반대표가 소풍 인솔자가 필요하니 도와 줄 수 있겠냐고 전화가 오면 선뜻 그러겠다고 답을 한다. Su씨는 얼마나 사람이 필요하면 자신에게 전화했겠냐는 것이 승낙의 이유였다. 그 후로도 Su씨는 반대표가 나오라는 모임에 본인의 일을 접고 성실하게 참석하고 있다.

4) 신뢰받으려는 욕구

그녀는 결혼 전 직장에서 간부였던 지금의 남편을 만났는데 처음엔 그의 리더십에 이끌렸고 이후 챙김 받지 못하고 사는 시골 출신이라는 동정심을 느껴 연애를 시작하게 되었다고 한다. 한 살 연하인 그는 가난한 집안의 장남이었고, Su씨는 엄마처럼 때론 누나처럼 데이트 비용을 지불했다. 군대를 간 그를 기다려 주며 연애를 했다. 그는 제대하자마자 최신형 핸드폰을 사달라고 떼를 쓰고 결혼 후 애를 두 명 낳을 때까지도 무위도식하는 철없는 남편이었다고 한다. 그러면서도 Su씨는 남편에게 인정받기 위해 헌신했고 시어머니에게 인정받으려 맏며느리로서 제사, 김장, 잔치준비 등 남해까지 먼 길을 오가며 헌신했다. 그러나 뜻밖에 시어머니의 자살은 그토록 인정받고 싶었던 또 한 사람의 상실이었으며 그 충격으로 그녀는 1년간 우울증과 알콜 중독의 생활을 하게 되었다.

2. 행동경향
1) 일반관계 영역

그녀는 남을 많이 의식한다. 그래서 남에게 피해 주는 것을 극도로 싫어한다. 자신의 아이들에게도 항상 남에게 피해 주지 않아야 한다는 것을 강요하며 아이들끼리 싸우면 항상 자신의 아이를 더 혼내곤 한다. 자신의 아이가 어른에게 농담하는 것도 버릇없다고 지적한다. 그래서 그녀의 아이들은 요즘 아이들답지 않게 예의 바르고 기본 생활 습관이 아주 잘 잡혀 있다. 또한 거절 받는 것이 두려워 좀처럼 남에게 부탁하는 일이 없다.

2) 특별관계 영역

Su씨는 남편을 헌신적으로 섬긴다. 자신에게 일 순위는 항상 아이들이 아니라 남편이라고 얘기하며 남편이 깔끔한 것을 좋아한다는 이유로 많은 시간을 청소와 요리 준비에 시간을 할애한다. 남편의 편안한 수면을 위해 추운 겨울 어린아이들을 데리고 거리를 방황하는 모습도 보여준다. 그리고 종종 푸짐하게 장을 봐서 저녁 식사에 주변 지인들을 초대하곤 한다.

3) 일 관계 영역

결혼 전 기계공장에서 남자들과 함께 무거운 기계를 운반하는 일을 새벽까지 헌신적으로 했으며 이사와 같은 중요한 문제를 C기질 이웃의 권유로 결정하기도 한다. 거절하지 못하는 성격으로 불법 다단계에 빠져 수 백만 원의 빚을 지기도 했으며, 외상으로 물건을 달라는 부탁을 거절하지 못해 수백만 원의 돈을 받지 못해 속을 끓이기도 한다. 이사나 직장선택, 가구 선택 등 중요한 사안에 대해선 남편의 결정을 기대하나 남편이 그렇게 해주지 못하면 마음이 힘들어진다.

3. 현재 내적 갈등

자신이 원하는 것을 상대에게 직접적으로 표현하는 것을 힘들어한다. 자신의 생일날 남편이 알아서 이벤트를 해주길 원하고 남편이 자신을 인정하고 칭찬해 주기를 원한다. 그러나 M기질의 남편은 칭찬에 인색하고 더 완벽한 것을 요구하곤 한다. 그래서 그녀는 늘 외로움을 느끼고 술을 즐겨 마신다.

▶P기질의 영역별 특성

1) 일반관계 (사회적 영역)

- 안정되고 보수적인 삶의 태도를 가지고 있다.
- 적당한 인간관계를 유지하려고 한다.
- 안전과 평화가 있는 곳을 좋아한다.
- 누구와 지내도 모나지 않는다.
- 변화와 개혁을 원치 않는다.
- 느리지만 꾸준히 진보하는 삶을 원한다.
- 다른 사람의 삶이나 문제에 깊이 관여하지 않는다.
- 낮은 톤으로 말하고 침체된 느낌을 준다.
- 상대에게 특별한 부탁이나 요구가 별로 없다.
- 특기와 재능들을 잘 사용하지 않는다.

2) 특별관계 (정서적 영역)

- 사랑과 정을 적당히 표현하고 반응한다.
- 감정을 잘 드러내지 않고 감정적으로 격함이 없다.
- 원한이나 복수심을 갖지 않고 용서를 잘한다.
- 관심을 주지 않아 가까운 사람은 외로워한다.
- 사랑하는 사람을 위해 헌신하는 것이 힘들다.
- 사랑하는 사람을 특별하게 대하지 않는다.
- 애정이 없어도 적대적인 사람을 잘 다룰 수 있다.
- 과장된 감정, 분노나 원한 등의 감정적인 고통이 없다.

　　　　- 사랑하는 사람에게 집착하지 않는다.

　　　　- 사랑하는 마음에 변함없이 오래간다.

3) 일 관계 (통제적 영역)

　　　　- 안전한 일을 지향한다.

　　　　- 현실적으로 이익이 있고 안전할 때 일을 한다.

　　　　- 안전에 집착하여 재능을 개발하지 못한다.

　　　　- 정밀하고 정확한 일에 유능하다.

　　　　- 비활동적인 일을 선호한다.

　　　　- 일을 맡으면 완전주의로 일을 한다.

　　　　- 적대적인 관계에서도 일할 수 있다.

　　　　- 적당한 정도로 통제받고 통제하기를 원한다.

　　　　- 일할 때 자기 생각과 고집으로 변화되기 어렵다.

　　　　- 지루한 과업을 끝까지 수행하는 능력이 있다.

▶P기질의 사례

　　P(52세, 여, 아이 돌봄 선생님)씨는 S-2, C-4, M-12, P-15, Su-7이다.

1. 주된 욕구

1) 안전에 대한 욕구

　　한 번은 아이들 돌봄 활동을 하는 시간에 술 먹은 남편이 전화로 폭언과 협박을 쏟아내곤 하였다. 외박을 일삼는 남편이 집에 돌아와 보니 아들이 수학여행을 가고 없었는데, 자기도 모르게 어떻게 중3 아들이 수학여행을 갔냐는 것이다. 가정일에 관심도 없고 수입도 없는 남편에게 아무것도 기대할 수 없던 P씨는 혼자서 모든 것을 감당하며 살아가고 있는데 남편은 한 번씩 이런 것을 트집 잡아 폭언을 쏟아낸다. P씨는 통화 내내 눈물을 흘리면서도 조용조용 남편을 타일렀다. P씨는 그래도 아이들의 아버지라며 나이 들어 오히려 저러는 것이 불쌍해 보인다며 젊은 시절 품었던 원한과 복수심이 없어졌다고 한다.

2) 에너지를 보호하려는 욕구

돈을 더 받을 수 있는 일거리 제의가 들어와도 시간적으로 육체적으로 무리가 된다 싶으면 욕심내지 않고 정중히 거절한다. P씨는 그것을 욕심내지 않고 하던 곳에서 무리 없이 일하기를 희망하며, 운동을 좋아하지 않지만 하지정맥류 때문에 건강상 요가를 선택했는데 적성에 맞다고 한다.

3) 휴식에 대한 욕구

마음이 힘들 때 혼자 절에 가서 조용히 명상하는 것을 좋아한다고 한다. 그리고 밀양연극축제에 가서 혼자 연극을 보는 걸 좋아하는데 그러고 나면 한결 몸과 마음이 가볍다고 한다.

4) 고립에 대한 욕구

P씨는 누군가의 간섭 없이 순수한 아이들을 돌보는 일이 적성에 맞다고 한다. 그리고 아무리 좋은 것이 있어도 남에게 소개하고 권하는 것을 좋아하지 않는다.

2. 행동경향

1) 일반관계 영역

어조는 늘 차분하고 조용하며 카톡을 보낼 때도 항상 먼저 안부를 묻고 "~맞나요?"와 같이 묻지 않고 "~이 맞는지 생각해 봅니다."와 같은 평안한 문장을 사용한다. 몸을 사용하는 놀이보다는 안전하고 안정된 놀이인 종이접기, 색칠하기, 소꿉놀이, 산책, 책 읽어주기 등으로 아들을 편안하게 돌본다. P씨의 성실한 행동은 주변 사람들에게 신뢰를 주며 까다로운 엄마나 문제 엄마들과도 관계 유지가 가능하여 우수 돌봄이로 선정되어 표창까지 받게 되었다.

2) 특별관계 영역

아직도 집 한 채 없이 친정에서 친정아버지를 모시고 얹혀살고 있으나 모든게 운명이라 생각하고 큰 욕심 없이 살아간다고 한다. 악착같이 많은 돈을 벌어야겠다는 생각보다 3식구 생활하기에 딱 필요한 만큼만 벌면 된다고 생각한다. 돈은 벌면 되고, 있으면 있는 대로 없으면 없는 대로 또 살아가진다는 것이 그녀의 지론이다. 벌이도 없고 외박도 일상이 된 남편이지만 애들한테는 그래도 없는 것보단 낫지 않겠냐는 생각으로 크게 신경 쓰지 않고 살아간다. 그러나 남편은 아내의 이러한 태도가 자신을 무시하는 거라며 분노를 표출한다.

3) 일 관계 영역

돌봄이 9년 차인 P씨는 직업에 만족하며 흔들림 없이 일을 하고 있다. 정에 이끌려 무리하게 서비스를 진행하는 일 없이 철저하게 원칙 안에서 완벽한 돌봄에 진심으로 최선을 다한다. 정부의 돌봄이 사업이라는 것이 안정적이지 못하고 체력적인 뒷받침이 되어야 하는 직업이지만 P씨는 현재의 안정된 생활에 우선순위를 두고 다른 대안을 찾기 위한 적극적인 노력은 없어 보인다.

4. 두 기질과 연합된 특징

▶S기질+C기질 (C기질+S기질)

이들은 외향성이 높은 기질로 마음이 밝고 따뜻하며, 순발력이 뛰어나고 사교성이 풍부하다. 일과 사람에게 관심과 열정이 많으며, 매사에 건설적이며 분명한 목표와 추진력이 있어 도전과 모험심이 강한 천성적인 지도자의 기질적 특징을 가지고 있다.

• **강점으로는** 매우 에너지 넘치는 외향적인 기질로서 모든 사람과의 관계를 잘 맺으며 특히 약한 사람들에게는 미래의 꿈과 비전을 가지도록 동기부여를 잘 제시해 주는 멋진 멘토 역할을 잘하는 지도자형의 기질이다. 무엇을 하든지 긍정적인 사고와 추진력이 있어 실패에 대한 두려움이나 망설임 없이 성공을 생각하며 도전하는 것을 좋아한다.

• **약점으로는** 습관적으로 본인의 말을 많이 하므로, 상대방에게 본인의 약점들을 쉽게 노출한다. 자신의 감정을 잘 처리하지 못해서 작은 문제 앞에서도 순간적인 화를 잘 낸다. 또한, 자신이 하는 일에 반대하는 사람과 순응하는 사람에 대한 편견이 많다. 일을 결정할 때는 독단적이며, 성급한 말과 행동으로 다른 사람에게 피해를 주면서도 다른 사람의 의견에는 귀를 잘 기울이지 않는다.

▶S기질+M기질 (M기질+S기질)

이들은 내 · 외향성이 있는 기질로 감정의 기복과 생각의 변화 차이가 매우 크다. 밝고 사교적이면서도 독단적이며, 생각이 깊어 창의력과 비판분석을 잘한다. 특히 예술가적인 재능이 있고 예민하며, 예의 바른 관계와 의미 있는 일을 선호한다.

• **강점으로는** 사교성이 있어서 대인관계를 잘하고 풍부한 상상력을 지니고 있으며, 새로운 일을 잘 시도하고 매우 논리적이다. 다른 사람에게 기쁨과 슬픔을 진심으로 함께 할 줄 알며, 옳고 그름에 대한 것을 속에 담아 두지 않고 적절하게 감정 표현을 잘하는 편이다. 때로는 혼자만의 시간을 좋아하며, 자신이 맡은 일에 아이디어와 기획력을 발휘하기도 한다.

• **약점으로는** 본인이 느낄 정도로 감정의 기복이 크다. 때로는 남에게 비평을 가함으로써, 이기심과 거만함으로 보여 상대에게 적대감을 불러일으킬 수 있다. 또한 S기질의 외향적인 사교적 기질로 상대로부터 인정받고 싶은 마음 때문에 어느 정도의 수준까지는 좋은 관계로 계속 노력한다. 그러나 간혹 M기질의 내향적인 기질로 인하여 관계나 일에 대한 의문과 자신의 예민함으로 인하여 갈등하며, 고뇌하는 시간을 가질 때가 있다.

▶S기질+P기질 (P기질+S기질)

이들은 내 · 외향성이 있는 기질로 일과 인간관계를 함께 좋아한다. 마음이 따뜻하고, 친절하며 사교성이 있어 상대방을 먼저 배려하고, 즐거운 인간관계로 낙천적인 삶을 산다. 때로는 에너지 고갈을 잘 느껴 혼자만의 고립된 환경을 좋아하며, 조용하고 한적한 곳에서 자신만의 시간을 갖길 원한다.

• **강점으로는** 사교성이 있어서 사랑과 따뜻한 마음으로 사람을 대하며 또한 동정심이 많아 타인에 대한 이해와 수용력이 강하다. 자기의 주장을 내세우기보다는 상대방의 의견을 존중하고 배려한다. 누구와도 잘 지내고 어떤 환경이나 상황에서도 순응적이고 적응을 잘한다.

• **약점으로는** 때로는 조금 말이 많아 수다스럽고 깊이가 없으며, 일할 때는 마무리를 잘하지 못할 때가 종종 있다. 내 · 외향성의 격차가 크기 때문에 밖에서 많은 활동을 한 후, 에너지 고갈로 인하여 빨리 쉬지 못할 땐 짜증을 많이 내기도 한다. 또한, 일상생활 속에 무기력할 때가 많으며, 자신의 미래에 대하여 너무 안일하게 여기는 경향도 있다.

▶S기질+Su기질 (Su기질+S기질)

이들은 내 · 외향성을 가진 기질로 관계 중심적이고, 밝고 활발한 모습을 지니고 있으며, 사람을 사랑으로 잘 섬기고 순종을 잘하며 헌신과 배려하는 마음을 가지고 있다. 사람에 대한 애착이 많아 늘 주위 사람들을 잘 챙기고 사소한 일에도 관심을 많이 쏟는다.

• **강점으로는** 사교성이 탁월하므로 늘 사람들과의 교제 속에서 에너지를 만든다. 그 에너지로 상대방을 섬기고 챙겨주고 싶어 한

다. 일하는 자리에서 활기차게 헌신한다. 주위에 헌신과 배려할 사람이 많을수록 생동감 있게 에너지를 많이 사용한다. 특히 가족들에 대한 애착이 크다.

• **약점으로는** 소속된 곳이나 상대방에게 헌신한 일을 인정받지 못할 때 매우 낙심한다. 이들은 관계 중심적이므로 일에 대한 약속이나 계획을 놓칠 때가 종종 있다. 또한, 함께 일을 하는 사람과의 관계가 좋지 않을 때는 일에 대한 능률이 없어지며 낮은 자존감으로 스스로 상처를 쉽게 받는다.

▶M기질+C기질 (C기질+M기질)

이들은 내·외향성을 가진 기질로 일 지향적이며, 일할 때는 분명한 목적의식을 가지고 체계적으로 꼼꼼하게 진행한다. 또한, 매사에 신중하고 철저하며, 사리분별력이 뛰어나고, 조직적으로 활동을 주도해 나가는 지도력이 있다. 중요한 일을 위해서는 사소한 인간관계에 매이지 않는 결단력을 가지고 있다.

• **강점으로는** 실제적이고 현실감각이 뛰어나며, 일을 조직하고 계획하여 추진하는 능력이 있다. 자신의 확고한 의지와 결심을 지니며, 타고난 지도자로서 일의 목표를 설정하고, 결정하여 이행하는 능력이 탁월하다. 또한 실패를 염두에 두지 않으며 작은 일에도 실수를 잘하지 않으며, 미래에 대한 예측을 잘한다.

• **약점으로는** 분명하지 않고 명분이 없는 인간관계에 큰 관심을 두지 않으며 관계에 있어 감정적으로 냉정할 때가 있다. 자신의 마

음이나 감정을 잘 드러내지 않으며, 부정적인 생각으로 인해 자기 학대, 적대감, 비평적인 성향을 나타내는 면이 강하다. 또한, 누구든지 작은 실수에도 분노하며, 용납하지를 못한다.

▶M기질+P기질 (P기질+M기질)

이들은 내향성이 강한 기질로 말없이 조용한 사람이며, 다정하고 온화하며 친절하고 내적 신념이 깊다. 논리와 비판분석력이 뛰어나며 사고가 독창적이고 고립적인 환경을 원한다. 상대를 존중하는 마음으로 대하고 예의 있는 생활을 선호한다.

• **강점으로는** 관계에 있어 예의가 바르며 온화하고 다정하며, 지적인 호기심이 많아 매사에 연구하고 탐구하는 것을 좋아한다. M기질의 분석적 완전주의와 P기질의 꼼꼼한 일을 잘하는 세밀함이 함께 있어 빠른 이해력과 직관력, 통찰력이 뛰어나다. 또한, 자기를 잘 드러내지 않으며, 대화할 때는 항상 경청하는 마음으로 상대의 말을 집중해서 잘 듣는다.

• **약점으로는** 쉽게 낙심하고, 매우 부정적인 사고로 인한 불안, 염려, 두려움, 걱정을 지녀 어둡게 보이며, 여리고 나약한 마음을 가지고 있다. 또한, 지나치게 양심적인 성향이 강해서 다른 사람들에게 자신의 힘과 창조성을 소모해 버리기도 한다. 때로는 일이나 인간관계에 무기력함을 느끼며 스스로 우울한 삶을 살 때가 있다.

▶M기질+Su기질 (Su기질+M기질)

이들은 내향성을 가진 기질로 삶의 진리와 예의, 섬김을 중요하게

• **약점으로는** 자기 목표를 이루기 위해 상대방의 눈치를 보면서 지나치게 섬기며 헌신한다. 일의 목표를 성취한 후에 상대로부터 인정과 관심을 받지 못할 때 서운하고 섭섭한 마음을 가지고 우울해진다. 또한, 단체나 모임에 소속된 곳에서 리더의 자리에 있지 못할 때 낮은 자존감이 생긴다.

▶Su기질+P기질 (P기질+Su기질)

이들은 내향성이 강한 기질로 타인을 잘 섬기지만 무리한 일에 에너지를 잘 쓰지 않으며 유연성과 편안함이 있다. 조용하고 순종적이며 가족에 대한 헌신과 애착이 강하다. 무리하게 요구하는 일이나 관계하는 것에는 큰 관심을 두지 않으며, 에너지 보호를 위해 일과 인간관계를 소극적으로 대한다.

• **강점으로는** 분쟁을 싫어하며 나서기도 싫어한다. 늘 안정된 환경과 안정을 주는 사람들을 좋아하며, 그들을 위해서 힘을 다해 헌신한다. 자신의 섬김과 헌신이 누군가에게 안정과 위로를 준다고 생각하면 그 일을 끝까지 해내는 인내심이 있다. 또한, 자기주장이나 의견을 고집하지 않으며 상대를 대할 때 부드러운 말투로 겸손하게 대한다.

• **약점으로는** 의지할 사람이 없을 때 고독감과 외로움을 느낀다. 헌신과 봉사에 대한 마음은 강하지만 에너지 고갈을 많이 느낀다. 또한, 쉴 수 있는 환경과 공간이 없을 때 힘들어하며 짜증을 내기도 한다. 강한 지도자와 함께 있을 때 불안과 두려움을 느끼며, 자신의 낮은 자존감으로 대인관계를 힘들어한다.

5. 기질과 경제관

흔히들 말하는 '돈이 행복의 전부가 아니다' 라는 말이 있다. 이 말은 역설적으로 행복을 위해서는 돈이 필요하다는 말이 될 수도 있다. 하지만 개인의 삶의 질과 가정의 평화를 좌우할 수 있는 중요한 요인 가운데 하나는 '돈을 어떻게 사용하고 또 어떤 경제적 개념의 원칙을 갖고 사느냐?' 하는 가치관에 달려 있다. 사람들이 돈을 다스리지 못하면, 결국 돈에 지배받고 돈 때문에 불행해지기도 한다. 풍요로울 때나 가난할 때나 돈이 사람을 지배하는 것이 아니라, 사람이 돈을 적절하게 관리하고 통제함으로써 돈에 얽매이지 않는 삶을 살기를 바란다. 이를 위해 우리는 먼저 자신의 기질이 가진 경제적 욕구가 무엇인지 살펴보는 것이 중요하다.

▶S기질의 경제관념

이들의 경제적 가치관은 사람들과 즐겁고 유익한 교제를 위해서는 돈이 꼭 필요하다고 생각한다. 이들은 사람들을 만날 때 돈이 없으며 만남을 힘들어하고 기가 죽는다. 항상 본인이 대접하고 선물할 때 좋은 인간관계로 발전된다고 생각한다. 이들은 교제에 필요한 돈이 없을 때는 매우 불안해한다. 또한, 친구나 가까운 지인이 경제적인 어려움을 당할 때는 본인이 앞장서서 해결해 주려고 한다.

- 교제를 위해서 여유로운 돈이 필요하다.
- 돈을 모으기보다 자유롭게 쓰고자 하는 욕구가 더 크다.
- 미래를 염려하지 않아 경제에 대해 깊이 생각하지 않고 낙천적으로 산다.
- 어려움이 닥치면 견디기 힘들어 주변 사람에게 경제적 책임을 전가한다.
- 자기 마음대로 쓸 수 있는 어느 정도의 돈이 수중에 있어야 한다.
- 미래를 지나치게 낙관해서 현실적인 경제개념이 약할 수 있다.
- 경제적인 문제로 주변 사람들에게 피해를 주지 않는 책임을 가져야 한다.
- 검소한 생활과 절제에 대한 훈련이 필요하다.

▶M기질의 경제관념

이들의 경제적 가치관은 근검절약을 매우 중요하게 생각한다. 경제적 안정에 대해 철두철미하게 대비하며 과욕을 부리지 않는다. 투자보다 성실하게 저축하는 쪽으로 택한다. 과소비를 싫어하며 자신들의 수입에 맞게 예산을 정해두고 생활하려고 한다. 또한, 의미 없는 지출은 하지 않으며 의미가 있다고 생각된 일에는 과감한 지출을 한다.

- 경제적인 운영에는 완벽주의다.
- 경제적인 불안정에 대한 불안과 두려움을 안고 산다.
- 경제적인 관리가 정확하고 철두철미하다.
- 절약과 절제하는 생활에 대한 욕구가 강하다.

- 적은 수입이지만 안정적이고 고정된 수입을 갖는 것을 좋아한다.
- 새로운 투자를 계획하고 추진하는데 충분한 생각과 시간이 필요하다.
- 경제적인 불안과 두려움에서 벗어나야 한다.
- 나누고 베푸는 삶에 풍성한 마음을 담아야 한다.

▶C기질의 경제관념

이들의 경제적 가치관은 경제력이 있어야 힘이 있다고 생각한다. 이들은 단번에 경제성장을 이루기 위해서 과감하게 투자할 때가 많다. 저축보다는 투자를 선택하며, 자신들의 목표를 이루기 위해서는 돈이 있어야만 가능하다고 생각한다.

목표가 생기면 아낌없는 투자를 하고 실패에 대한 두려움은 거의 가지지 않는다.

- 사람의 능력은 경제적 능력에 나타난다고 생각한다.
- 성취를 위해서는 경제적인 실패에 대한 두려움이없다.
- 경제적인 문제로 쉽게 좌절하거나 낙담하지 않는다.
- 돈 때문에 사람에게 잔인해질 수도 있다.
- 목표성취를 위해서 경제적인 수단으로 쓸 때가 많다.
- 돈의 흐름을 직감적으로 잘 아는 능력이 있다.
- 경제적인 것으로 타인을 지배하려 하지 말아야 한다.
- 돈이 행복을 만든다는 가치관을 버려야 한다.

▶Su기질의 경제관념

이들의 경제적 가치관은 경제적인 안정을 통해서 주위에 섬기고 봉사하는 곳을 선택하고 싶어 한다. 때론, 돈이 생기면 자신의 필요보다 상대의 필요를 먼저 채워주고 싶어 한다. 경제적인 어려움이 올 때면 낙심하고 쉽게 번 아웃이 되고 낮은 자존감으로 대인관계에 자신감을 잃어버린다.

- 경제적인 면에서 책임을 지는 것을 피하려고 한다.
- 자신의 의지대로 돈을 잘 사용하지 못한다.
- 경제권에 대한 두려움이 있다.
- 돈을 사용할 때 때때로 융통성이 부족하다.
- 자신을 인정해 주는 사람을 위해서 무절제하게 돈을 사용할 수 있다.
- 경제적인 책임을 함께 나눌 수 있는 사람이 필요하다.
- 정해진 규율이나 계획에 따라 돈을 사용하는 것이 좋다.
- 경제적인 일에 책임을 지는 훈련이 필요하다.

▶P기질의 경제관념

이들의 경제적 가치관은 미래 경제에 대한 불안감을 가지고 있으며, 안정적인 삶을 위해 일상생활에서 절약하고 있다. 무리한 투자는 절대 하지 않으며 적은 돈이지만 절약하여 저축하는 것을 선호한다. 지출에 대한 소심함이 있어 상대를 대접하고 베푸는 일에 소극적으로 표현할 때가 많다.

- 경제 활동에 있어서 냉정함을 유지하려고 한다.
- 계획된 예산에 따라 돈을 사용하려고 한다.
- 예산에 집착해서 일할 때 융통성을 잃을 수 있다.
- 경제적인 절약을 하기에 주변 사람들을 대접하지못한다.
- 경제에 대한 불안한 생각을 많이 한다.

- 가족들에게도 절약을 요구한다.
- 융통성을 고려한 경제 운영계획을 잘 수립해야 한다.
- 관계와 안전을 생각하면서 필요에 따라 베푸는 삶도 필요하다.

6. 기질과 리더십

리더십이란? 현시대의 진정한 리더는 강함보다는 부드러움으로 써 상대를 포용하며 이끄는 리더를 원한다. 하지만 리더는 한 가지 만의 특성을 가진 것으로 리더십을 규정짓기는 어렵다. 기질적으로 볼 때 다양한 모습으로 각자의 기질에서 리더십을 가진 사람들을 볼 수 있다.

리더십은 기업이나 공동체, 조직 사회가 있는 곳이면 매우 중요하 게 대두되는 문제이다. 금방이라도 무너질 것 같던 조직에 어떤 리 더가 맡느냐에 따라 힘들고 어려운 상황들이 새롭게 세워지고 성장 하는 예도 있다. 아무리 건강한 단체나 조직이라 해도 리더를 잘못 만나서 와해 되는 경우가 있다. 그래서 좋은 지도자를 조직에 모시 기 위해 심사숙고해야 한다. 리더십의 형태는 조직을 어떻게 이끌 어가려고 하느냐 하는 방식의 문제이다. 하지만 아무리 화려한 옷 을 입어도 자기에게 맞지 않으면 잘못 입고 있는 것처럼 자기의 기 질에 맞지 않는 리더십을 취해서 자기 자신과 조직에 스트레스를 가져오는 예도 있다. 따라서 리더가 되려는 사람들은 먼저 자기의 기질을 알고 어떤 유형의 리더십이 자기에게 적합하고, 자신과 단 체에 충족시킬 수 있는지를 알아야 할 것이다.

▶S기질 : 친화력을 중요시하는 리더십

S기질은 사교적이며 낙천적이고 인간관계를 중요하게 생각하는 친화력을 가진 리더이다. 이들은 사람에 대한 이해와 수용, 그리고 팀원의 고통스러운 문제를 함께 해결해 나가는 인간관계를 중요시하는 리더이다. 이들은 사람들과 좋은 관계를 통해 성취해야 할 목표를 위해 함께 이루어 가길 바란다. 또한 사람들로부터 인정받기 위해 자신이 생각하던 신념을 버리고 상대방의 욕구를 먼저 채워주려는 경향이 있다. 그러나 이들은 리더의 자리에서 팀원으로부터 관심과 인정을 받지 못한다고 생각하면, 마음에 에너지를 잃고 사소한 일에도 화를 잘 내며, 자기 멋대로 행동하는 경향이 있다. 만일 일을 추진하는 도중에 상대가 자신을 비난하고 비판할 때면 아무리 그 일이 중요하다고 해도 그 일을 쉽게 포기할 때도 있다. 왜냐면 인간관계가 깨어지면 일에 대한 열정이 사라지기 때문이다. 이들은 항상 함께 일하는 사람들이 재미있게 즐거운 분위기에서 일하게 하여 주고 싶은 리더이다.

- 팀원들과의 관계를 매우 친밀감 있게 만들어 가는 리더이다.
- 열정적으로 새로운 변화를 만들어 가는 리더이다.
- 일에 대한 꿈과 희망을 만들어 주는 리더이다.
- 낙천적으로 문제를 해결하고 즐겁게 일하는 리더이다.
- 현실 파악이 빠르며, 고민하지 않고 빨리 결정하는 리더이다.
- 책상에 앉아 지시하는 일보다, 직접 현장을 방문하고 현장의 소리를 듣고 문제점을 즉석에서 해결하는 리더이다.
- 복잡한 이론보다 직접 행동으로 보여주는 리더이다.

＊ 자기 계발

- 일할 때 충동적으로 하지 않도록 감정을 제어하고 절제할 수 있는 훈련이 필요하다.
- 새로운 목표를 세웠으면 끝까지 결과를 보려는 인내하는 훈련이 필요하다.
- 쉽게 생각하고 결정하는 습관을 버려야 한다.
- 인간관계에 빠져서 일을 놓칠 때가 있으므로 자신이 맡은 일에 중요성과 책임을 다하는 노력이 필요하다.
- 체계적이며 섬세한 일을 잘하는 사람들과 팀워크를 이루도록 해야 한다.

▶M기질 : 완벽함을 중요시하는 리더십

M기질은 전문적인 분야의 일을 선호하며, 성실하고 근면하며 책임감이 강한 완벽을 중요하게 생각하는 리더이다. 이들은 일할 때 완전주의적 욕구가 있어 예민하고 까다로운 사람으로 보일 수 있지만, 실제로 그들은 일할 때 부드럽고 성실한 리더십을 가지고 있다. 이들은 실패에 대한 불안과 두려움 때문에 더 완벽함을 강화하는 리더십을 발휘한다. 때로는 중요한 일을 할 때, 불안한 생각으로 인해 부정적인 언어로 상대방의 실수에 직설적으로 화를 내거나 냉정하게 대할 때가 있다. 이것은 사소한 실수가 모든 일을 망친다고 생각하는 완벽함 때문에 늘 예민하고 긴장된 상태에서 일을 하고 있기 때문이다. 또한, 이들은 리더로써 책임감이 강하고 신뢰와 성실성, 완전함에 큰 비중을 둔다.

- 육하원칙에 따라 분명하게 지시하며 전달하는 체계적인 리더이다.

- 매사에 말과 행동이 신중한 리더다.
- 이해되지 않는 일에 충분한 설명을 통해 궁금증을 해결해주는 리더이다.
- 현실성을 바탕으로 맡은 일은 흔들림 없이 일관성 있게 성취하는 리더이다.
- 사리 분별이 뛰어나며, 꼼꼼하게 정보를 검토하는 리더이다.
- 독립적이며 완전주의를 선호하는 리더이다.
- 기획력이 뛰어나며 창의적인 아이디어가 많은 리더이다.

* 자기 계발
- 완벽하게 하려는 자신의 틀도 중요하지만, 상대방의 의견과 생각도 들어보는 여유로운마음이 필요하다.
- 상대방의 작은 실수에는 질타보다 수용의 마음을 가지고 가르쳐주고 조율해 나가려는 노력이 필요하다.
- 완벽하게 하려고 불안과 두려움의 부정적인 생각을 하기보다 감사하며 긍정적인 마음을 가지는 노력이 필요하다.
- 완벽을 요구하는 성향 때문에 인간관계가 깨어질 수 있다고 생각해 보는 것이 필요하다.
- 어려운 일을 만날 때 실패에 대한 불안과 두려움으로 인해 도전하는 것을 피하지 말고 긍정적인 생각으로 대응해 보는 훈련이 필요하다.

▶C기질 : 목표성취를 중요시하는 리더십
C기질은 미래를 바라보는 능력으로 추진력이 있으며, 목표성취를 중요하게 생각하는 리더이다. 이들은 탁월한 리더십이 있으며

매우 독립적이면서도 문제에 대한 빠른 결단과 결정으로 다른 사람들이 보지 못하는 문제점들을 쉽게 볼 수 있는 리더이다.

이들은 목표성취에 대한 인정과 찬사를 받으려는 욕구가 매우 강하다. 때로는 함께 일하는 팀원들이 느리고 약할 때, 그들을 잘 수용해 주지 못해서 동정심이 없는 사람으로 보인다. 일할 때는 매우 급하며 냉정하고 냉소적으로 변한다. 또한, 순응해 주지 않는 사람들과 함께 일하는 것을 매우 불편하게 생각하며, 자신의 의견과 뜻을 인정해 주고 잘 따라주는 사람들과 일을 할 때 더 많은 에너지가 생기는 리더이다.

- 쉬지 않는 도전 정신과 추진력을 가진 리더이다.
- 실질적이고 현실적이며 일에 대한 의견이나 아이디어를 내는 리더이다.
- 미래에 대한 비전을 제시하여 동기부여를 잘 시켜주는 리더이다.
- 남들이 포기할 때 할 수 있다는 가능성을 보여주는 리더이다.
- 적재적소에 필요한 사람을 잘 세우고 재능을 알아주는 리더이다.
- 말만 하고 행동하지 않는 게으른 사람들에게 화를 잘 내는 리더이다.

* 자기 계발
- 일을 성급하게 결정하지 않도록 신중하게 생각해 보는 노력이 필요하다.
- 약하고 느리며 우유부단한 사람을 수용할 수 있는 마음을 가져야 한다.

- 현실적인 결과물에 집착하지 않고 장기적인 안목을 가지는 여유로운 마음이 필요하다.
- 목적을 성취한 후 혼자 인정을 받기보다, 팀원과 함께 성과를 이룬 것으로 인정할 때 더 멋진 리더가 될 것이다.
- 사람들을 수단이 아닌 인격적인 관계를 위해서 존중하는 마음이 필요하다.

▶Su기질 : 섬김을 중요시하는 리더십

Su기질은 팀원들과 함께 이루어 가고 싶어 하며 온유하고 겸손한 마음으로 섬김을 중요하게 생각하는 리더이다. 이들은 상대방의 삶이나 행동에 어떤 통제나 지배를 거의 하지 않으며, 오히려 함께하는 팀원들을 섬기고 봉사하며 먼저 솔선수범의 자세를 보인다.

자기의 의견이나 주장보다는 팀원들의 의견이나 주장을 최대한 수용하며 함께 일을 협력하는 리더이다. 이들은 온유하고 겸손한 사람들이며, 자신을 스스로 잘 드러내지는 않으나, 소속된 팀원들에게서 자신의 봉사와 섬김에 대하여 인정받고 싶어 한다. 이들은 리더의 위치에 있어도 중요한 결정을 할 때는 매우 힘들어하며, 어떤 문제가 발생했을 때 빠르고 단호하게 결정하고 결단해야 하는 것에 대하여 부담스러워한다.

- 신뢰 관계를 매우 중요하게 생각하며, 장기적인 안목을 가지고 성과를 추구하는 리더이다.
- 팀원들과 격이 없이 지내며 잘 챙겨주고 격려를 아끼지 않는 리더이다.
- 선두에서 지휘하기보다는 함께 의지하며 협력하는 리더이다.
- 팀원들이 자유롭게 편안하게 일할 수 있도록 배려하는 리더이다.

- 계획에 얽매이지 않고 상황에 따라 유연하게 처리하는 리더이다.
- 함께하는 사람들에게 섬김과 이해심이 많은 리더이다.

* 자기 계발
- 상대를 너무 의지하지 말고 스스로 결단과 결정하는 훈련이 필요하다.
- 지나치게 배려하고 헌신하는 것이 결코 일의 완성도를 높이는 것이 아니라는 것을 알아야 한다.
- 작은 일부터 스스로 결정해서 용기 있게 결정하고 결단해 보려는 훈련이 필요하다.
- 실패를 두려워하지 말고 큰 경험을 얻는 마음으로 새로운 일에 도전해 보는 생각의 전환이 필요하다.
- 부탁이나 강요, 거절에 대하여 분명하고 직접 본인의 마음을 표현해 보는 훈련이 필요하다.

▶P기질 : 평화를 중요시하는 리더십

P기질은 안전과 평화를 유지하고 싶어 하며, 일이나 관계에 치우치지 않는 냉정함과 평화를 중요하게 생각하는 리더이다.

이들은 매우 독립적이어서 남의 간섭이나 지배를 받기 싫어한다. 매우 안정적이며 현실적이고 보수적이어서 어떤 어려운 상황에도 거의동요 하지 않는 리더이다. 이들은 리더의 욕구를 거의 표현하지 않으며, 지나치게 많은 일로 부담을 갖는 일을 경계한다.

또한, 본인의 생각과 감정을 잘 표현하지는 않지만 함께 일하는 팀원들의 안전과 평화를 위해서 신경을 곤두세울 때가 많다. 일할 때 팀원들과 평화로운 관계를 지키기 위해서 강요하거나 지시, 명령을 거의 하지 않는 리더이다. 또한, 자신만의 고집이 있어서 상대의 의견이나 조언에 크게 움직이려 하지 않는다. 일에 대한 추진이나 도전하는 것을 힘들어하지만, 일을 결정할 때 생각하는 시간이 오래 걸리는 편이며, 모든 에너지를 안전과 평화에 사용하기 때문에 경쟁이나 다툼을 거의 하지 않는 편이다.

- 일에 필요한 규칙과 절차를 잘 따르며 평화를 지키고 싶어 하는 리더이다.
- 자신에게 맡겨진 일에 대하여 묵묵히 꾸준하게 책임을 완수하는 리더이다.
- 새로운 일에 대한 도전이나, 일상의 변화에 큰 관심이 없는 리더이다.
- 경쟁하는 조직에서는 스트레스를 많이 받는 리더이다.
- 전통적이고 체계적인 조직 구조에서 안전한 리더십을 발휘하는 리더이다.

* 자기 계발
- 새로운 환경과 변화에 능동적이고 적극적으로 대처하는 훈련이 필요하다.
- 갈등 상황이 싫어서 자신의 불편한 마음을 솔직하게 대화로 풀어가는 노력이 필요하다.
- 상대방의 마음을 읽어주고, 격려가 필요한 사람에게 표현하는 훈련이 필요하다.
- 작은 일이라도 팀원들과 생각을 나누고 의논하고 '함께' 하려는 생각의 전환이 필요하다.

- 자신이 옳다고 확신하는 일에도 상대의 의견을 따라 생각을 나누고 일을 해결해 나가는 방법이나 방향을 대화로 풀어가 보려는 노력이 필요하다.

7. 기질에 따른 부모 양육(교육) 태도

자녀 양육(교육)은 타고난 개인의 기질에 따른 양육(교육)이 필요하다. 모든 아이에게 같은 하나의 솔루션을 적용하여 양육(교육)하는 것은 불가능하기 때문이다. 개인의 생각, 행동, 반응, 표현하고자 하는 요소들이 다 다르기에 하나의 양육 솔루션 적용은 무리를 가져올 수 있다. 또한 양육(교육)할 때 부모(양육자)의 기질적 특징이 어떠한지에 따라 자녀의 기질에 미치는 영향이 크다.

▶ S기질 아이들의 행동과 특징
S기질의 기본욕구는 [교제, 관심, 인정, 자기표현]이다.

S기질 아이들은 사교적이라 친구들을 좋아하며, 많은 사람으로부터 사랑과 관심을 받고 싶어 한다. 그러므로 먼저 가족으로부터 특히 양육자와의 올바른 관계에서 교제가 충족될 때 아이는 성장 과정에서 심리적으로 안정적인 교제를 하게 된다. 또한, 이 아이들은 양육(교육)을 받을 때 권위자에 대한 순종과 존중보다 친밀감 있는 관계로 다가간다.

이런 관계로 인해 오히려 양육(교육)이 잘 이루어지지 않기에 적절한 보상과 벌에 의한 양육(교육)이 필요할 때도 있다. 특히 이 아이들은 누군가에게 얽매이는 것이 싫어 뭐든지 자기 뜻대로 하려는 자유분방한 기질적 특징이 있으므로 어려서부터 권위자에 대한 순종과 존중의 마음을 배울 필요가 있다. 또한, 이 아이들은 성장해 가는 과정에서 친구와의 교제를 위해서 베푸는 것을 좋아하므로 경제개념에 대한 이해와 훈련이 필요하다. S기질의 아이들은 규칙이나 질서보다 자유로운 분위기에서 자신을 마음껏 표출하려는 행동가들이며, 또한, 이 아이들은 5분도 혼자 있는 시간을 싫어하여 항상 누군가와 함께 있어야 안정감을 느낀다. 이 아이들은 조용히 앉아서 하는 놀이보다 몸으로 움직이는 활동적인 놀이를 좋아하기에 양육자가 한시도 곁을 떠날 수가 없는 돌봄이 필요하다.

▶ S기질은 관계형

- 이들은 관계를 지키기 위해서 사소한 거짓말을 잘할 수도 있다.
- 혼자 두지 말고 항상 '함께' 라는 느낌을 주어야 한다.
- 간단한 잘못을 했을 땐 빨리 용서해 줌으로 신뢰 관계로 이어진다.
- 사람들을 좋아하고 낯가림 없이 새로운 친구를 쉽게 사귄다.
- 사람들의 칭찬을 받으려고 과감하게 자기표현을 잘한다.
- 오래 앉아 집중하는 것보다 몸으로 활동하는 것을 좋아한다.
- 친구와 다투면 먼저 빨리 사과한다.
- 혼자 있는 것을 매우 힘들어한다.
- 혼자 하는 놀이보다 여럿이 하는 놀이를 좋아한다.
- 어른들에게 애교가 많아 사랑을 많이 받는다.

▶ M기질 아이들의 행동과 특징

M기질의 기본욕구는 [진리추구, 지식·탐구, 완전주의, 고립]이다.

▶ S기질 자녀 양육(교육)과 심리적 솔루션

S기질의 아이에게 맞지 않게 양육할 경우

- 더 유아적으로 자기중심적인 성향이 강해진다.
- 인내심, 성실성, 책임감이 없어진다.
- 절제력이 없어지고 과소비가 많아진다.
- 과장된 표현으로 거짓말과 변명이 더 많아진다.
- 한 곳에 앉아 있지를 못하며 집중력이 떨어진다.

심리적으로 나타나는 현상

- 사람에게 더 집착하고 연민에 빠져든다.
- 도달할 수 없는 거창한 계획을 잘 세운다.
- 실속 있는 일을 하지 못한다.
- 충동구매, 과소비, 무절제에 빠지기 쉽다.
- 사소한 일에도 화를 잘 낸다.

기질적 이해로 알아주고 수용할 경우

- 부모(양육자)와의 친밀한 관계로 잘 지내려고 한다.
- 안정적으로 표현하고 사랑스럽고 따뜻해진다.
- 작은 일에도 동기부여가 잘된다.
- 책임감, 성실성, 인내심이 길러진다.
- 불안정하고 충동적인 성향이 감소한다.

동기부여가 잘 되는 경우

- 사소한 일에도 인정해 주고 관심 가져줄 때이다.
- 자기만의 표출을 위한 무대를 제공해 줄 때이다.
- 먼저 친밀감으로 가까워져 있을 때이다.
- 긍정적으로 다가올 때이다.
- 즐거운 식사 자리를 만들어 줄 때이다.

M기질의 아이들은 벌이나 보상에 잘 반응하지 않아 벌과 보상이 양육(교육)에 크게 영향을 미치지 못한다. 오히려 이 아이들에게는 사소한 일이나 상황에 따라 구체적인 대화로 존중과 예의 있게 대하는 것이 그 어떤 보상이나 벌보다도 효과적으로 나타날 수 있다.

또한, 이 아이들은 완전주의적 욕구와 예민한 기질적 특성이 있어 사소한 일에도 소심해지며 불안한 심리가 있다. 이런 심리로 인해 자신의 실수로 인한 징계를 받을 때, 매우 자존심 상해하며 소심해지는 경향이 있다.

이 아이들은 자신의 실수를 스스로 괴로워하기 때문에, 아이가 실수했을 때 비난이나 잔소리보다 그 일에 대한 아이의 생각과 마음을 구체적인 대화를 통해서 아이가 스스로 실수를 잘 인식하도록 양육(교육)하는 것이 도움이 될 것이다.

또한, 이 아이들은 어려서부터 자신이 유능한 사람임을 인정받을 때 가장 좋은 양육(교육)이 된다. 양육(교육) 과정에서 비난과 비판의 말을 통해 부정적인 생각을 하며, 우울함에 빠지기 쉬우므로 긍정적인 말이나 메시지가 양육(교육)에 큰 도움이 된다. 따라서 이 아이들은 시끄러운 분위기나 깨끗하지 못한 환경을 힘들어하며, 질서와 예의를 중요하게 여기는 양육(교육)에서는 큰 영향을 받게 된다.

▶ M기질은 사고형
- 문제를 해결하는 방법이나 속도를 자기 스타일로 결정한다.
- 생각 없이 행동하고, 말하는 사람은 쉽게 신뢰하지 않는다.
- 생각이나 의견을 존중받을 때 긍정적인 에너지가 생긴다.
- 성급하지 않으며 행동을 조심스럽게 한다.
- 일(학습)이나 인간관계를 할 때 예의 있게 한다.
- 사람들의 시선을 끄는 일을 피하며, 앞에 나서는 것을 싫어한다.
- 친구들의 마음을 깊이 생각해 주려고 한다.

- 여러 명의 친구보다 한 친구를 깊이 오래 사귄다.
- 혼자 있는 시간을 좋아하며 혼자 잘 논다.
- 자기 물건을 잘 챙기며, 정리 정돈을 잘한다.

▶ M기질 자녀 양육(교육)의 솔루션

M기질의 아이에게 맞지 않게 양육할 경우

- 더욱 강한 완전주의를 형성한다.
- 자신의 작은 실수를 조금도 용납하지 못한다.
- 부정적 사고방식이 더욱 강해진다.
- 사소한 일에도 더욱 예민해지고 소심해진다.
- 자신을 불신하며 모든 일에 의욕을 잃는다.

심리적으로 나타나는 현상

- 결단력이 상실되고 안정감을 잃고 불안정하다.
- 작은 실수도 용납하지 못하는 완벽주의자가 된다.
- 짜증이 많아지며 더욱 예민해진다.
- 부정적으로 사고하는 생각의 늪에 빠진다.
- 대화 단절로 고립된 우울한 삶을 산다.

기질적 이해로 알아주고 수용할 경우

- 부정적 사고방식이 감소한다.
- 불안과 두려움이 감소하고 실천력이 향상된다.
- 능력 개발이 되고 삶에 의욕을 보인다.
- 완전주의 틀에서 벗어나려고 한다.
- 존중받는다는 느낌으로 인격적인 대화를 한다.

동기부여가 잘 되는 경우

- 존중받으며 예의 있는 모습으로 다가올 때이다.
- 본인의 생각과 의견을 표현하도록 기다려 줄 때이다.
- 사실적인 것에 구체적으로 칭찬이나 지지를 해줄 때이다.
- 사건에 대한 설명을 잘해줄 때이다.
- 의미 있는 일과 사람을 만났을 때이다.

▶ C기질 아이들의 행동과 특징

C기질의 기본욕구는 [목표성취, 지배·통제, 찬사, 독립]이다.

C기질 아이들은 기질적으로 타고난 지도력이 있다. 이 아이들은 권위자나 양육자에 의해서도 지배·통제를 받으려고 하지 않는다. 그렇기 때문에, 양육자로부터 강압적인 꾸지람을 듣거나 혼날 때가 많다. 양육자가 볼 때 이 아이들은 매우 반항적인 아이들로 보일 수 있기에, 양육(교육)할 때, 성급하게 통제하고 강압적인 방법으로 대하려고 한다. 하지만, 이 아이들은 자신이 누군가를 지배·통제하려는 기질적 욕구가 있기에, 다른 상대로부터 통제를 받는 것을 힘들어할 수 있다.

이 아이들이 본인의 뜻을 강하게 주장하는 이유는 어떤 곳에서나 본인이 리더의 자리에 있길 바라기 때문이다. 친구들과의 놀이에도 본인이 리드하고 싶어 하는 마음이 있으며, 또한, 자신의 리드에 순응해 주는 사람(친구)에게는 더 호의적으로 대한다. 이로써 양육자는 이 아이들을 양육(교육)할 때 먼저 리더라는 인식과 인정을 해주어야 좋은 양육(교육)으로 이어져 갈 것이다.

C기질 아이들은 어려서부터 권위자에 대한 예의와 순종하는 것을 배우도록 가르쳐야 한다. 하지만 무례하게 지시하고 명령하는 것보다는 부탁이나 요청으로 양육(교육)할 때, 자신이 존중받는다고 생각이 들며 권위자나 양육자에 대한 존중과 존경의 마음이 생겨 자신을 낮추어 온순해지고 양육자와의 좋은 관계로 성장 될 것이다.

▶ C기질은 행동형
• 상황이 생겼을 빠른 행동으로 대처한다.

- 생각만 하고 행동하지 않는 사람을 볼 때 분노한다.
- 명령이나 지시를 받으면 동기부여가 잘 안된다.
- 친구들과의 놀이에서 리더 하는 것을 좋아한다.
- 목적이 있는 놀이(학습)에는 책임감 있게 잘한다.
- 양육자나 선생님으로부터 찬사받는 것을 좋아한다.
- 놀이할 때 자기주장을 잘한다.
- 본인의 말에 순응해 주는 사람에게 반응을 잘한다.
- 누구에게나 간섭받는 것을 싫어한다.
- 약한 사람(친구)에게 힘이 되어주고 싶어 한다.

▶ C기질 자녀 양육(교육)의 솔루션

C기질의 아이에게 맞지 않게 양육할 경우

- 과욕으로 성취 지향적인 사람이 된다.
- 약한 사람을 무시하는 경향이 심해진다.
- 교만하며, 잔인해질 위험이 커진다.
- 더욱 거친 언어를 사용하게 된다.
- 반항적으로 되고 삐뚤어진 인간관계를 맺는다.

심리적으로 나타나는 현상

- 과격한 행동을 스스럼없이 한다.
- 언어가 거칠고 막말을 잘한다.
- 사람에 대한 동정심 없는 지배·통제를 한다.
- 인간관계가 잔인해질 수 있다.
- 정서가 메마르고, 분노하며 화를 쉽게 낸다.

기질적 이해로 알아주고 수용할 경우

- 타인의 마음에 공감, 배려할 줄 알게 된다.
- 일과 관계를 조절할 수 있는 능력이 개발된다.
- 반항심이 줄어들고 정서적으로 된다.
- 약자를 위해 꿈과 비전을 세워준다.

- 스스로 동기부여가 가능하다.

동기부여가 잘 되는 경우

- 목표성취에 대한 비전을 제시해 줄 때이다.
- 사소한 일에도 찬사를 보내줄 때이다.
- 존중받는다고 생각이 들 때이다.
- 부탁과 도움을 요청해 줄 때이다.
- 스스로 좋은 기회를 만났을 때이다.

▶ Su기질 아이들의 행동과 특징

Su기질의 기본욕구는 [의존, 헌신과 봉사, 소속, 신뢰]이다.

Su기질의 아이들은 양육자의 권위에 순종의 모습을 보인다. 또한, 이 아이들은 지나치게 의존적이라 유약하게 보일 수도 있으며, 의존할 대상에 따라 양육(교육)의 질이 달라진다. 때문에, 양육자는 먼저 좋은 유대관계가 잘 형성되도록 신경을 써야 한다. 또한, 이 아이들은 대체로 낮은 자존감을 잘 느끼기 때문에 어려서부터 강압이나 질책보다는 부드럽게 다가가야 할 것이다.

Su기질 아이들은 사소한 일에도 본인의 주장이나 결정을 표현하지 못하는 기질적 특징이 있어 아무리 힘들어도 본인의 의사를 주장하거나 화를 표출하지 않고 잘 참는다. 때문에, 성장 과정에서 내면에 간직하고 있는 분노와 상한 감정들이 있을 수 있어 양육(교육)할 때 사사로운 일에도 건강하게 본인의 뜻을 주장하고 표현하게 하는 방법들을 알려주며, 결정과 결단을 할 수 있도록 기회를 만들어 주어야 한다.

▶Su기질 : 의존형

- 문제가 생겼을 때 의존할 대상을 찾는다.
- 어려운 사람(친구)들을 도와주는 것은 좋아한다.
- 양육자(리더)에 의해 삶의 방향이 달라진다.
- 친구들과 함께 놀기를 원하지만 먼저 말하지는 못한다.
- 처음 친구(사람)를 만나면 부끄러워한다.
- 놀이에서 제외될 때 상처를 받는다.
- 함께 노는 친구를 위해서 필요한 것을 챙겨주고 싶어 한다.
- 친구의 의견을 잘 받아주고 순응하려고 한다.
- 누구에게나 친절하고 다정하게 대한다.
- 의존할 대상이 없을 때 외로워하며 힘들어한다.

▶ Su기질 자녀 양육과 교육의 솔루션

Su기질의 아이에게 맞지 않게 양육할 경우

- 표현을 잘하지 못하고 자존감이 더욱 낮아진다.
- 심한 두려움과 불안을 느끼게 된다.
- 더 의존자를 찾게 되며, 수동적인 성향이 심해진다.
- 결정과 결단력이 더욱 약해진다.
- 양육자의 요구에 부응하려고 눈치를 많이 본다.

심리적으로 나타나는 현상

- 사소한 결정 장애를 가지게 된다.
- 분노로 순간적인 감정 폭발을 할 수 있다.
- 낮은 자존감으로 두려움과 불안한 마음을 지니고 산다.
- 상대의 눈치를 많이 보게 된다.
- 대인관계의 공포와 열등감이 생길 수 있다.

기질적 이해로 알아주고 수용할 경우

- 욕구 억압이 감소하고 표현력이 좋아진다.

- 낮은 자존감이 감소한다.
- 대인관계의 두려움이 감소 된다.
- 헌신에 대한 결단력과 자신감이 생긴다.
- 자신을 사랑하는 힘이 생긴다.

동기부여가 잘 되는 경우

- 일대일의 관계에서 친밀감을 느낄 때이다.
- 신뢰와 존중의 관계가 형성될 때이다.
- 자신을 진심으로 이끌어 줄 때이다.
- 자신이 속한 소속에서 인정받을 때이다.
- 자신의 도움이 필요한 때이다.

▶ P기질 아이들의 행동과 특징

P기질의 기본욕구는 [안전, 에너지보호, 휴식, 평화]이다.

P기질 아이들은 자신의 에너지 보호를 위하여 행동이 빠르지 못하며 안전을 지키려는 기질적 특징이 있다. P기질의 아이들은 어떠한 환경적인 변화에도 잘 동요 하지 않고 쉽게 흔들리지 않는 냉철함을 유지하는 아이들이다. 어린 시절, 양육자로부터 빠른 행동을 요구받고, 강압과 억압으로 다그칠 때면, 그 냉철함이 차갑고 무기력한 사람으로 성장 되어 갈 수 있다. 특히 권위자에 대한 두려움이 생길 때 성장하는 과정에서 대인관계의 두려움을 느낄 수 있다.

특히 P기질의 아이들은 안전을 매우 중요하게 생각하기에 자신들의 행동이 느리며, 상대로부터 빨리, 급하게, 재촉받을 때 행동이 정지될 때가 있다. 이들의 안전에 대한 욕구를 이해해 준다면, 천천히 그 일을 감당할 수 있도록 도와주고 기다려 주는 양육자의 느긋한 마음이 필요하다. 또한, 이 아이들은 자신의 에너지를 최대한 사용하지 않으려 때때로 고립된 환경을 찾으며 그 시간을 좋아한다.

이 아이들은 성장하면서 에너지를 더 쓰지 않으려고 하기에 어려서부터 외부에 다양한 활동을 통해 사회봉사나 섬김이 있는 곳에 참여하고, 경험할 기회를 만들어 줄 때 좋은 양육(교육)의 효과를 얻게 될 것이다.

▶ P기질 : 안전형

• 관계에서 안전과 평화를 지키고 싶어 한다.
• 과격한 행동이나 언어를 쓰는 사람을 힘들어한다.
• 안전과 평화를 유지하기 위해서 다른 사람의 기분에 신경을 많이 쓴다.
• 경청을 잘하고 말을 많이 하지 않는다.
• 친구와 다툼이 없이 평화롭게 잘 지낸다.
• 상대를 위해서 양보와 배려를 잘한다.
• 과격한 놀이나 경쟁하는 것을 좋아하지 않는다.
• 동정심이 많고 다른 사람을 생각해 주고 염려해 준다.
• 친구들과 함께 오래 노는 것을 힘들어한다.
• 에너지 소진에 불만과 불안을 잘 느낀다.

▶ P기질 자녀 양육(교육)의 솔루션

P기질의 아이에게 맞지 않게 양육할 경우

- 더욱 방어적으로 되고 냉정해진다.
- 고집으로 자기를 변화시키려고 하지 않는다.
- 행동이 더 느리고, 완고해진다.
- 실천력이 더욱 부족해진다.
- 자기를 보호하려는 경향이 심해진다.

심리적으로 나타나는 현상

- 더욱 완고해지고 대화가 차단된다.
- 관계에 대해 민감해지고 심한 불안을 느낀다.
- 타인과의 소통에 마음을 열지 않는다.
- 더욱더 나태한 사람이 된다.
- 고립된 곳에서 나오지 않는다.

기질적 이해로 알아주고 수용할 경우

- 자신의 맡은 일에 실천력, 책임감이 강해진다.
- 나태함을 고치고 할 일을 챙긴다.
- 합리적인 성향이 더욱 개발된다.
- 자기만의 고집과 생각을 대화로 풀어간다.
- 적절하게 에너지를 잘 사용한다.

동기부여가 잘 되는 경우

- 과격한 명령보다 안정된 대화를 할 때이다.
- 게으름이 아닌 느림을 인정해 줄 때이다.
- 에너지 고갈을 느끼는 공감을 해 줄 때이다.
- 다그치지 않고 기다려 줄 때이다.
- 평화와 안전이 주어지는 미래를 말할 때이다.

8. 다른 기질과의 갈등과 이해

　인간관계의 갈등은 여러 부분에서 다양한 모습으로 나타나며, 어떤 문제들 앞에 누구나 크고 작은 갈등을 경험하게 된다. 갈등의 원인 중에 사람은 누구나 자기만의 기질적 특징을 가지고 있고, 각 개인이 가진 기질의 강점 · 약점 · 욕구 등이 있다. 문제가 되는 갈등의 시작은 서로의 기질적 특징을 이해하지 못할 때 작은 문제부터 부딪치게 되며, 이 때문에 결국 갈등의 굴레에 들어가게 된다. 또한, 서로가 문제를 해결하려는 행동이나 생각이 달라 사소한 말 한마디가 걸림이 되어 더 깊은 갈등의 관계를 경험하기도 한다.

　또한, 누구나 함부로 상대를 평가하고 비난하는 것은 서로 소중한 사람에게 불행과 고통을 안겨줄 뿐이다. 그럼 우리는 어떻게 하면 갈등을 줄이고 서로를 이해하여 행복한 인간관계를 유지할 수 있을까? 서로 다른 각 기질의 이해 영역을 통해 이 질문에 대한 답을 풀어보고자 한다.

1) S기질 ⟷ M기질의 이해관계

말과 행동에 실수가 많은 S기질   말과 행동에 실수가 적은 M기질

▶두 기질의 갈등 요인

S기질은 강한 외향성을, M기질은 강한 내향성을 가지고 있다.

S기질은 순간적인 판단으로 빠르게 결정하고 행동하려는 반면에, M기질은 시간을 두고 천천히 지식과 정보를 토대로 실수 없이 결정하여 행동으로 옮기려고 한다. 두 기질은 서로 다른 행동으로 '행동의 갈등'이 있다. 어떤 일이 생겼을 때 이러한 다른 행동과 생각의 방향을 이해하지 못할 때 서로의 갈등으로 이어진다. S기질은 비체계적이며, 자유로운 삶을 좋아하고 말과 행동을 절제하는 것을 힘들어한다. 반면에 M기질은 체계적이며, 질서 있는 삶을 선호하고 말과 행동에 절제력을 가지고 있다.

S기질은 여럿이 함께 활동적으로 움직이는 것을 좋아한다면, M기질은 활동하는 것보다는 혼자 조용히 생각하는 것을 좋아하는 편이다. 또한, S기질은 까다롭고 복잡한 문제를 귀찮게 여기지만, M기질은 관찰하고 분석하고 연구하는 것을 선호함으로 서로의 생각과 방식이 달라 갈등으로 이어질 때가 많다.

▶상대 기질에 대한 이해와 알아줌

- S기질은 자신의 빠른 판단과 결정을 중요하게 생각한다.
- M기질은 시간을 두고 신중하게 생각하여 판단하고 결정한다.
- S기질은 약속을 쉽게 생각하고 잘 못 지키는 경향이 있다.
- M기질은 약속을 중요하게 생각하고 철저하게 잘 지키려고 한다.
- S기질은 교제할 때 자기중심적인 표현 방식으로 일방적인 행동을 한다.
- M기질은 교제할 때 성실한 태도, 신중하고 예의 있는 말투를 원한다.
- S기질은 인정과 관심 가져주는 사람들을 통해 인간관계를 이어간다.
- M기질은 예의 있고 성실한 사람들을 통해 인간관계를 이어간다.

S기질은 M기질의 신중함과 철두철미한 계획성을 가지고 깊은 생각을 통해 행동하는 사람이란 것을 존중해 주고 알아주어야 한다.

M기질은 S기질의 빠른 행동을 무조건 비난과 비판하기보다 이들의 빠른 판단과 행동을 통해서 얻고 배울 수 있는 것은 인정하고 받아들여야 한다.

2) S기질 ⟷ C기질의 이해관계

S기질과 C기질이 잘 지내려면?

리더의 갈등

Sanguine

Choleric

사람들을 주도하고 싶은 S기질

사람들과 일을 주도하고 싶은 C기질

▶두 기질의 갈등 요인

S기질은 관계를 주도하는 리더십을, C기질은 일과 관계를 주도하는 리더십을 가지고 있다. S기질은 사교성이 있어 사람들을 통솔하고 싶어 하는 반면에, C기질은 일에 대한 추진력이 있어 모든 일을 주도하고 싶어 한다. 두 기질은 서로 다른 '리더의 갈등'이 있다. 두 기질은 모두 외향성이 강한 에너지 넘치는 리더십을 가진 공통점이 있다. C기질은 자신이 가진 지도력에 대해 인정과 찬사를 받길 원하며, 자신이 원하는 방법대로 일이나 상대를 통제하려고 한다. 또한, S기질은 자유롭게 행동하며 일이나 사람에게나 얽매이는 것을 싫어하고, 상대로부터 지시·명령을 받기보다 자신이 리더의 자리에 있길 원한다. S기질은 일을 할 때 친밀한 관계로 마음이 잘 맞는 사람들과 즐겁게 재미있게 일하고 싶어 한다. 반면에 C기질은 인간관계의 친밀함보다 일을 잘하는 사람들과 빠른 목표를 위해 매진하는 것을 좋아한다. 이들은 서로 다른 생각과 행동이 일이나 관계에서 다른 방식의 리더십을 발휘하므로 서로 갈등의 상황으

로 이어질 때가 많다.

▶상대 기질에 대한 이해와 알아줌
• S기질은 일보다 인간관계를 더 중요하게 생각한다.
• C기질은 인간관계보다 일을 더 중요하게 생각한다.
• S기질은 누구에게나 사랑과 관심을 가지고 교제한다.
• C기질은 개인이 가진 능력 위주로 교제한다.
• S기질은 작은 일에도 인정과 관심을 받고 싶은 욕구가 있다.
• C기질은 작은 일에도 찬사를 받고 싶은 욕구가 있다.
• S기질에게 폭넓은 사교적인 교제술을 배울 수 있다.
• C기질에게 일을 추진하고 성취하는 것을 배울 수 있다.

★ S기질은 C기질의 일의 열정과 추진력을 인정해 주고 찬사를 표현해 주면서 멋진 리더십을 가진 것을 인정해 주고 알아주어야 한다.
★ C기질은 S기질의 사교적인 능력과 사람을 사랑하는 마음을 배워야 하며 인간관계를 잘 이끌어가는 리더십을 인정해 주고 알아주어야 한다.

3) S기질 ⟺ Su기질의 이해관계

S기질과 Su기질이 잘 지내려면?

소속의 갈등

관계에서 소속이 중요하지 않는 S기질   관계에 소속이 중요한 Su기질

▶두 기질의 갈등 요인

S기질은 외향적 사교성을, Su기질은 내향적 사교성을 가지고 있다.

S기질은 소속에 매여 있는 것을 원하지 않으며 반면에, Su기질은 자신을 보호해 주는 소속에 매여 있길 원한다. 두 기질은 서로 다른 '소속의 갈등' 이 있다. Su기질은 자신이 소속된 곳에서 인정받고 신뢰 관계에 있기를 원하지만, S기질은 소속된 곳 외에도 자유롭게 많은 모임에 관심을 두고 있다. S기질을 자신의 모임이나 활동 영역으로 Su기질을 동반해서 데리고 다니고 싶어 한다. 그러나 Su기질은 거절하지 못해서 S기질의 강요에 계속 끌려다니는 기분으로 다닐 때가 많다. 특히 Su기질에게 많은 헌신을 요구하며, 자신이 상대로부터 이용당한다고 생각할 때가 종종 있다. 또한 S기질은 자신의 감정을 거침없이 잘 표현하지만, Su기질은 자신의 감정을 표현하는 것이 힘들어 마음속으로 분노를 쌓기 때문에 서로의 갈등이 깊어져 간다.

▶상대 기질에 대한 이해와 알아줌

- S기질은 단순한 모임에 속해 있는 것보다 다양한 모임을 선호한다.
- Su기질은 여러 모임보다 자신이 신뢰받고 헌신할 곳을 선호한다.
- S기질은 다양한 모임과 사람들로부터 인정과 관심을 받길 원한다.
- Su기질은 소속된 모임에서 리더에게 인정과 관심을 받길 원한다.
- S기질은 상대를 위해서 헌신과 섬김을 요구받을 때 힘들어한다.
- Su기질은 헌신과 섬김을 요구받기 전에 알아서 도와준다.
- S기질은 자신에게 의존하는 사람을 좋아한다.
- Su기질은 자신이 의존할 대상이 없을 때 힘들어한다.

★ Su기질은 S기질에게 인정과 관심받고 싶은 마음을 알아주고 작은 일에도 자주 표현해 주어야 한다.

★ S기질은 Su기질의 헌신과 섬김에 진심을 담은 마음으로 수고에 대한 감사의 마음을 알아주고 자주 표현해 주어야 한다.

4) S기질 ⟷ P기질의 이해관계

S기질과 P기질이 잘 지내려면?

에너지의 갈등

에너지가 넘치는 S기질   에너지 소진을 느끼는 P기질

▶두 기질의 갈등 요인

S기질은 외향적 에너지를, P기질은 내향적 에너지를 가지고 있다.

S기질은 에너지가 많아 스케줄이 많아도 별 불편함을 느끼지 않는다. 반면에 P기질은 에너지가 적어 많은 스케줄로 인하여 힘들어한다. 두 기질은 서로 다른 '에너지의 갈등'이 있다. S기질은 많은 사람과 있을 때 더 많은 에너지가 형성되지만, P기질은 많은 사람과 있을 때 에너지 소모가 많아지면서 불안을 느낀다. S기질은 갑작스러운 만남이나 스케줄 변경에 전혀 영향을 받지 않는다. 하지만 P기질은 갑작스러운 만남이나 스케줄 변동이 생길 때는 마음과 몸이 많이 힘들어진다. S기질은 쉬는 시간을 좋아하지 않으며 오히려 쉴 때 에너지가 빠진다. 하지만 P기질에게는 쉼이란 너무 중요하게 생각되며 쉼을 통해 에너지를 공급받게 된다.

이들의 서로 다른 에너지 활동량으로 인해서 서로의 생각과 삶의 방식이 달라 갈등으로 이어져 간다.

▶상대 기질에 대한 이해와 알아줌

- S기질은 에너지가 충분하여 많은 말과 행동을 빠르게 잘한다.
- P기질은 에너지 고갈로 인해 말과 행동이 다소 느리다.
- S기질은 자신의 스케줄이나 상황을 수시로 변경을 잘한다.
- P기질은 자신의 스케줄이 변경되는 것을 좋아하지 않는다.
- S기질은 혼자 조용한 시간에 쉬어야 한다는 생각을 이해하지 못한다.
- P기질은 여럿이 함께 있어야 한다는 생각을 이해하지 못한다.
- S기질은 모임에서 자신이 말을 많이 하는 것을 좋아한다.
- P기질은 모임에서 상대의 말을 경청하는 것을 좋아한다.

★ S기질은 P기질의 에너지 고갈을 알아주고 인정해 주며 쉴 수 있는 시간과 환경을 배려해 줄 때, P기질과 평화로운 관계를 얻게 될 것이다.

★ P기질은 S기질에게 넘치는 에너지가 있음을 알아주고 자신에게 도움이 될 일을 찾아 의논하고 부탁할 때, S기질은 흔쾌히 도움을 주고 함께해 줄 것을 알아야 한다.

5) M기질 ⟺ C기질의 이해관계

▶두 기질의 갈등 요인

M기질은 생각하며 의미 있는 일을, C기질은 목표를 향한 빠른 추진력을 가지고 있다. 두 기질은 서로 다른 방향을 가진 일 중심적인 기질의 특징을 가지고 있다. M기질은 일을 할 때 완전주의를 바탕으로 의미가 있는 일로 과정을 중요시 생각하는 반면에, C기질은 본인의 지배·통제 아래에 목표 달성을 위해서 결과를 중요하게 생각한다. 두 기질은 서로 다른 '일의 방향 갈등'이 있다. M기질은 의미 없이 목표만을 위해 결과만을 중요하게 생각하고 달려가는 것에 반감을 품는다. C기질은 목표성취를 중요하게 여기기에 생각만하고 행동력이 없는 사람들을 매우 답답하게 여긴다. 또한, M기질은 자신의 완전주의로 인하여 자신만의 틀이 분명하게 있어 그 틀 안에서 일을 하길 원한다. 반면에 C기질은 자신이 가진 리더십으로 자신의 통제 안에서 일을 하길 원한다.

▶상대 기질에 대한 이해와 알아줌

- M기질은 사소한 일이라도 꼼꼼하게 정확하게 잘한다.

- C기질은 아무리 힘든 상황에서도 포기하지 않고 일을 처리한다.
- M기질은 창의성이 있어 좋은 아이디어를 많이 낸다.
- C기질은 추진력과 도전 정신이 강하다.
- M기질은 문제점들을 잘 발견하여 미리 예방을 잘한다.
- C기질은 없는 길도 만들어서 걸어가는 개척자의 모습이 있다.
- M기질은 일이나 관계에서 성실과 예의를 중요하게 생각한다.
- C기질은 상대의 재능이나 능력을 발견해서 동기부여를 잘 시킨다.

★ C기질은 M기질이 생각이 많고 세심하고 예민함은 완벽하게 하고 싶어하는 마음임을 알아주고 존중해 주어야 한다.
★ M기질은 C기질의 빠른 추진력과 시원시원한 인간관계를 인정해 주고 찬사를 보내줄 때 C기질과의 든든한 관계로 이어질 것이다.

6) M기질 ⟺ Su기질의 이해관계

이성적이며 냉정하게 규칙을 원하는 M기질　　　감성적이며 동정심이 많은 Su기질

M기질은 규칙과 일관성이 있고, Su기질은 변화와 다양성을 가지고 있다. M기질은 말이 건조하고 직선적이며, 사소한 일에도 규칙을 꼭 지켜야 하며 융통성이 거의 없는 반면에, Su기질은 엄격한 규칙을 힘들어하여 사소한 일에도 잦은 실수를 한다. 두 기질은 서로 다른 '규칙의 갈등'이 있다. Su기질은 정해진 규칙보다 일시적이지만 반복적인 설명이 필요하며, 스스로 선택과 결정하는 것을 힘들게 여긴다. Su기질은 의존자가 필요하며 자기 의견을 주장하기보다는 순응적인 관계를 맺어지길 원한다. 그러나 M기질은 스스로 결정하고 결단하는 모습으로 자립해 나가길 원한다.

• Su기질은 반복되는 일에도 같은 설명을 해주어야 한다.
• M기질은 한번 정해진 규칙이나 규범을 잘 지킨다.
• Su기질은 자신의 결정이나 결단에 대한 자신감이 부족하다.
• M기질은 완전주의로 인하여 사소한 일에도 예민하다.
• Su기질은 의존성이 높기에 의존자에 의해서 움직인다.
• M기질은 상대가 잘했음에도 인정과 칭찬을 잘하지 못한다.
• Su기질은 자신을 인정해 주는 사람에게 헌신과 배려를 무리하게 한다.
• M기질은 마음에 있는 말이나 감정을 잘 표현 못 한다.

★ M기질은 Su기질은 의존자가 필요하다는 것을 이해하고 알아주어야 하며 또한 반복되는 설명이 필요할 때면 자신의 틀을 내려놓고 마음의 여유를 가지고 대화할 수 있어야 한다.

★ Su기질은 M기질이 체계적이며 규칙에 예민하다는 것을 알아주어야 하며, 이들의 규칙 등을 메모하면서 숙지하는 모습을 보여줄 때, 좋은 관계로 발전해 가는 멋진 파트너가 될 것이다.

7) M기질 ⟺ P기질의 이해관계

지식과 정보를 중요시 생각 하는 M기질   자신의 기준을 중요시 생각 하는 P기질

▶두 기질의 갈등 요인

P기질과 M기질은 강한 내향성으로 생각이 깊은 자신들만의 틀을 가지고 있다. M기질은 완벽해야 하므로 옳고, 그름의 틀이 강하게 있으며, P기질은 자신의 에너지를 소모 시키지 않으려는 자기 방식의 틀이 있다. 두 기질은 어떤 행동을 하기 전에 생각하는 시간이 오래 걸린다. 두 기질은 서로 다른 '생각의 갈등' 이 있다. P기질은 상대의 부탁을 무조건 "예" 라고 대답은 하지만 자신이 아니라고 생각할 때는 그 일을 행동으로 옮기지 않을 때가 많다.

M기질은 상대의 부탁을 쉽게 "예" 라고 하지 않는다. 하지만 약속을 했다면 꼭 지켜야 한다고 생각한다. 그러나 P기질은 잘 지켜지지 않는다. 이러한 일들로 두 기질은 서로에 대한 분노로 갈등이

이어진다. 그러나 두 기질은 자신들의 감정을 잘 표현하지 않기 때문에 외적으론 아무 문제가 없는 것처럼 보일 수 있다.

▶상대 기질에 대한 이해와 알아줌
• P기질은 행동하기 전 에너지 소모에 관한 생각이 많다.
• M기질은 생각을 많이 한 후 행동을 한다.
• P기질은 게으른 사람으로 인식되는 것을 싫어한다.
• M기질은 자기 기준으로 옳고 그름이 강하다.
• P기질은 사람들에 대하여 관심도가 낮아서 무관심하게 지낸다.
• M기질은 자기 생각을 인정받지 못할 때 관계를 단절한다.
• P기질은 변화를 싫어하고, 쉼을 통하여 에너지를 채운다.
• M기질은 고립된 환경에서 혼자 생각하는 것을 원한다.

★ P기질은 M기질의 규칙과 규범, 옳고, 그름에 큰 비중을 두고 생각한다는 것을 알아주고 이들이 완벽하고 싶은 생각을 인정하며 움직여 보려 할 때 M기질과 좋은 관계로 유지하게 될 것이다.
★ M기질은 P기질이 무슨 생각을 하는지 대화를 시도해야 하며 P기질의 생각을 긍정적으로 받아들이며 이들은 게으른 것이 아니라, 느리게 행동하는 사람들이란 것을 알아줄 때 속 깊은 관계로 이어질 것이다.

8) C기질 ⟺ P기질의 이해관계

C기질과 P기질이 잘 지내려면?

속도의 갈등

Choleric

Phlegmatic

모든 상황에 빠르게 움직이는 C기질   **모든 상황에 느리게 움직이는 P기질**

▶두 기질의 갈등 요인

C기질은 빠른 행동력이 있고, P기질은 느린 행동력을 가지고 있다.

C기질은 에너지 넘치는 활동적이며, P기질은 에너지 소모에 비활동적이다.

두 기질은 서로 다른 '속도의 갈등' 이 있다. 서로가 생각하고 반응하는 속도, 행동하고 추진하는 속도 등이 많이 다른 두 기질의 갈등은 함께 일을 할 때 더 심각하게 나타난다. C기질은 일이 생기면 바로 즉시 행동으로 보여주려는 반면에, P기질은 생각하는 시간을 갖는다. C기질은 P기질을 게으른 사람, 무능한 사람으로 인식하고 사소한 일에도 화를 잘 낸다. P기질은 생각 없이 무조건 행동하고 추진하는 C기질을 볼 때 불안을 느끼며 교만해 보인다.

▶상대 기질에 대한 이해와 알아줌
• P기질은 일과 관계에서 안전을 최우선으로 생각한다.

- C기질은 일과 관계에서 빠른 목적 달성을 최우선으로 생각한다.
- P기질은 안전과 평화를 위해 에너지를 사용한다.
- C기질은 느리고 게으른 사람에 대한 이해력이 부족하다.
- P기질은 과격하게 일방적으로 행동하는 사람에 대해 불안을 느낀다.
- C기질은 하루 중에 생활이 도전이다.
- P기질은 하루 중에 조용한 시간이 필요하다.
- C기질은 순응적인 사람을 선호한다.

★ C기질은 P기질이 천천히 움직이지만, 그것은 결코 안전을 위해서 느린 것이지 게으른 것이 아님을 알아주고 여유로움 가지고 기다려 줄 때, P기질의 강점을 통해 많은 것을 배울 기회가 될 것이다.

★ P기질은 C기질이 작은 일에도 찬사와 순응적인 대답을 원한다는 것을 알아주어야 하며 최대한 하고자 하는 의지와 노력을 보여주려고 할 때, C기질의 리더십을 통해 많이 배우고 또한 도움을 받게 될 것이다.

9) C기질 ⟷ Su기질의 이해관계

C기질과 Su기질이 잘 지내려면?

결정의 갈등

Choleric   Supine

빠르게 결단과 결정을 하는 C기질   작은 일에도 결정을 힘들어 하는 Su기질

▶**두 기질의 갈등 요인**

　Su기질은 결단과 결정을 힘들어하고, C기질은 일과 관계에서 빠른 결단력을 가지고 있다. C기질은 사소한 일에도 싫고, 좋음에 분명하게 선을 긋는 사람이다. 그러나 Su기질은 아닌 줄 알면서도 선을 긋지 못한다. 두 기질은 서로 다른 '결정의 갈등' 이 있다.

　C기질은 다른 기질보다 Su기질에 대한 좋은 감정이 있다. 이들의 헌신과 순응적인 모습에 좋은 관계를 유지하는 편이지만 어떤 일이나 관계에서 결단하고, 결정해야 할 때 하지 못하는 Su기질에게 답답하여 분노하며 화를 낸다. Su기질은 C기질을 볼 때 든든한 모습도 있지만 때로는 냉정한 표현이나 행동을 통해 낮은 자존감으로 힘들어하며 갈등하게 된다. C기질의 리더십과 Su기질의 순응적 관계는 다른 기질보다 훨씬 관계가 좋다. Su기질은 결정을 쉽게 잘하지 못하기 때문에 결단력이 있는 C기질이 결정을 해주는 것을 좋아하고 의지하기 때문이다. Su기질은 조건 없는 헌신을 하며 상대에게 인정받을 때 소속감을 느낀다.

▶상대 기질에 대한 이해와 알아줌

• C기질은 일이나 사람에게 끌려다니는 것을 싫어한다.

• Su기질은 작은 헌신에도 진심으로 인정해 주길 바란다.

• C기질은 자신에게 순응하고 헌신하는 사람에게는 관대하다.

• Su기질은 상대의 의견이나 주도성에 잘 순응한다.

• C기질은 가끔 상대방을 무시하는 언어를 사용할 때가 있다.

• Su기질은 순간적인 분노를 표현할 때가 있다.

• C기질은 찬사의 욕구가 채워질 때 부드럽고 온유한 관계를 맺어간다.

• Su기질은 헌신과 섬김을 인정해 주는 사람과 좋은 관계를 맺어간다.

★ C기질은 Su기질이 자신이 결정하고 결단하는 것보다 상대의 의견을 믿고 존중하고 싶어 한다는 것을 알아줄 때, Su기질의 배려심과 헌신을 고마워하며 더 깊은 신뢰의 관계를 맺어갈 것이다.

★ Su기질은 C기질의 결정과 결단에 대해 사소한 일에도 찬사와 인정을 받고 싶어 한다는 것을 알아주어야 하며, Su기질은 자신의 사소한 문제라도 C기질에게 조언을 구할 때 흔쾌히 도움을 주며 좋은 인간관계로 발전 되어 갈 것이다.

10) Su기질 ⟷ P기질의 이해관계

상대에게 인정 받기를 원하는 Su기질   상대에게 관심이 없는 P기질

▶두 기질의 갈등 요인

Su기질은 의존적이며 헌신과 인정에 관심을 받고 싶어 하고, P기질은 안전과 평화에 관심 가지고 있다. 두 기질은 서로 다른 '관심의 갈등'이 있다. 두 기질은 의존적이며 리더십이 없는 사람들이라 서로에게 원하는 것은 많으나 서로의 욕구를 채워주기 힘든 사람들이다. P기질은 상대의 삶에 잘 관여하지 않으며, 작은 일에도 관심을 받고 싶어 하는 Su기질에게는 힘든 관계로 갈등하게 된다. 두 기질은 서로의 관심사가 다르며 서로 채워주는 것이 힘들다. Su기질과 P기질은 내향성이 있어서 표면적으로는 좋은 관계로 보이며 다툼이나 격함 없이 지낸다. 그러나 서로 다른 욕구를 채워주기는 마음의 큰 부담을 서로가 느낀다.

▶상대 기질에 대한 이해와 알아줌

• P기질은 내면에 평화를 유지하고 싶은 안정적인 삶을 선호한다.

- Su기질은 의존의 대상으로부터 보호받길 원한다.
- P기질은 인간관계에 큰 관심이 없다.
- Su기질은 상대의 관심 있는 사랑과 정을 나누고 싶어 한다.
- P기질은 자신의 안전을 위하여 그곳에 관심을 집중한다.
- Su기질은 사소한 헌신과 섬김에 수고에 말 한마디를 원한다.
- P기질은 상대를 보호하고 리드해 주는 것을 힘들어한다.
- Su기질은 자신을 보호해 주고 리드해 주는 사람을 선호한다.

★ P기질은 Su기질이 큰 관심을 원하는 것이 아니라, 작은 일에 도 관심 가져주길 바란다. Su기질은 사소한 말 한마디의 안부를 물어 줄 때 고마움을 느낀다는 것을 알아주어야 한다.

★ Su기질은 P기질이 곁으로 보기에 냉정해 보이고 관심이 없는 것 같으나 이들은 속마음을 표현하는 것을 힘들어한다는 것을 알아주고 기다려 줄 때, 시간이 지날수록 더 깊고 진실한 만남으로 이어질 것이다.

9. 기질과 내면의 상처

내적치유는 먼저, 인간의 내면세계에 대한 이해가 매우 중요하다. 내면세계에 어떤 상처가 숨겨져 있고 그 원인은 무엇이며, 어떻게 표면화되고 있는지 밝혀야 한다. 과거에 상처받은 경험이나 뿌리 깊은 상처들, 곧 부모의 거절이나 가까운 사람으로부터 받은 육체적인 혹은 정신적인 학대 등은 좋은 인격을 형성하는데 큰 장애를 주고 불안정한 인격을 형성하게 한다. 상처는 마음속에 분노를 쌓게 되고 분노는 각 사람의 기질에 따라 다양한 형태로 나타난다. 받은 상처의 경험이 반복적으로 쌓이면 왜곡된 성격과 인격을 형성하게 되는데, 이렇게 왜곡된 인격은 인간관계를 어렵게 만드는 원인이 된다.

▶S기질 내면의 상처

S기질을 가진 사람들은 인간관계를 중요시하는 외향적인 사람들이다.

다른 사람들과의 관계를 위하여 자신의 가치 기준보다는 다른 사람의 욕구를 채워주는 방향으로 행동하게 된다. 그런데도 다른 사람으로부터 아무런 보상이 없다면 그들은 내면의 상처로 인하여 쉽게 분노를 폭발한다.

S기질은 모든 상황이 자기가 원하는 방향과 결과대로 빨리, 빨리

해결되지 않을 때 급하게 화를 내고 폭언 등으로 상처가 나타난다.
- 사랑하는 사람으로부터 인정과 관심을 받지 못할 때 상처를 잘 받는다.
- 모임이나 관계에서 주인공 역할이 되지 않을 때 상처를 받는다.
- 깨어진 관계에서 일할 때 상처를 받는다.
- 경제력이 약해지고 무능하다고 생각될 때 상처를 잘 받는다.

▶심리적 증상
- 금방 알 수 있는 일에 거짓말과 변명을 병적으로 한다.
- 실현 불가능한 일들을 거창한 계획으로 늘어놓는다.
- 충동적인 행동으로 좌충우돌한다.
- 사람들로부터 인정받을 때 영웅심리로 감정 조절을 잘하지 못한다.
- 친구들의 말과 부추김에 쉽게 동요되어 중독에 잘 빠진다.
- 과한 낭비로 경제적인 어려움에 쉽게 빠진다.
- 인내력 부족과 빠른 싫증으로 한곳에서 장기간 일을 하지 못한다.
- 집중력과 기억력이 약해져 간다.

▶M기질 내면의 상처들

M기질은 자기를 성찰하는 완벽을 추구하는 강한 내향적인 사람들이다.

이들은 완벽하고자 하는 힘이 좌절되는 상황에서 깊은 절망감에 빠지고, 우울한 기분을 느껴 극단적인 선택을 생각하는 경우가 종종 있다. 이들은 어린 시절뿐만 아니라 성인이 되어도 불안과 두려움으로 인한 생각에 빠져있다. 따라서 많은 사람과 사귀려고 하지 않고, 자신을 이해하고 사랑을 나눌 수 있는 소수의 몇몇 사람들과의 인간관계만으로도 만족해한다.

M기질은 완벽함이 무시되어지고, 자신을 무가치하게 대할 때, 불안과 두려움이 상처로 나타난다.

- 자기 생각과 감정을 함부로 해석하고 결론지을 때 상처를 받는다.
- 자기 생각이 무시되고 인격적으로 대우를 받지 못할 때 깊은 상처를 받는다.
- 완벽함을 질타하고, 지적하고 가르칠 때 상처를 받는다.
- 함부로 말하고 무례하며 예의 없이 대할 때 상처를 받는다.

▶심리적 증상

- 깊은 원망의 마음으로 마음의 문을 닫고 말하지 않는다.
- 누구와도 만나지 않기 때문에 상담이 거의 불가능하다.
- 심각할 경우 극단적인 행동을 할 수도 있다.
- 우울증으로 자신을 많이 괴롭힌다.
- 인간관계에 불안과 두려움으로 집 밖을 나가지 못한다.
- 분노가 일어날 때면 상대가 누구든지 비판과 직설적인 언어로 상처를 준다.

- 작은 실수나 말에도 용서를 잘하지 못하며 쉽게 관계를 단절한다.
- 예민한 반응으로 사소한 일에도 오해하고 섭섭해한다.

상처의 반응	성격에 미치는 영향
분노를 감춤	■ 환상(중독)으로 빠질 가능성이 있음 ■ 일에 집착하게 됨 ■ 더 강한 완전주의자가 됨
열등감, 절망과 좌절감	■ 자포자기, 우울증, 의욕이 상실됨 ■ 부정적으로 세상을 바라봄
거절에 대한 불안과 두려움	■ 자신감 결여로 부정적인 사고가 발달함 ■ 사람에 대한 불신이 생김 ■ 강박증이 생김

▶C기질 내면의 상처들

C기질은 일을 중요시하는 외향적인 사람들이다.

이들은 지배·통제에 대한 욕구가 강하므로 상대방을 자신의 통제 아래 두려고 한다. 타인으로부터 그 욕구가 무시되고 채워지지 않을 때 상처를 쉽게 받는다. 상처로 인해 분노를 잘 느끼며, 분노를 잘 표현하기도 한다. 이들은 타인을 자신의 성취를 위한 도구로 생각하려는 경향이 있다. 내면에 상처가 많을수록 타인의 수단을 통해 자신이 이루고 싶어 하는 목표가 많아진다. 성공과 명예가 곧 자신들의 만족이라고 생각한다.

C기질은 상대로부터 지배·통제가 안 될 때, 작은 일에도 찬사를 받지 못할 때, 분노와 과격한 행동이 상처로 나타난다.

- 지배·통제의 욕구가 채워지지 않을 때 상처를 받는다.
- 자신이 리더의 자리에 있지 못할 때 상처를 받는다.
- 인정과 찬사를 받지 못할 때 상처를 받는다.

• 세운 목표를 반대할 때, 상처로 인해 상대방에 대한 반감이 생긴다.

▶심리적 증상

• 목표가 보이지 않고 없을 때 심한 불안감에 휩싸인다.
• 사소한 일에도 쉽게 분노하며 과격해진다.
• 인간관계는 무심하고 일중독에 빠져있다.
• 주위에 사람들과 잘 다투고 냉철해진다.
• 위험한 일에 투자하기를 망설이지 않는다.
• 감정을 폭언과 폭력적으로 표현한다.
• 긍휼함과 동정심이 없다.
• 자기 말에 순응하지 않으면 불같이 화를 잘 낸다.

상처의 반응	성격에 미치는 영향
저항, 공격적 행동	▪ 폭력적인 행동 표출을 함 ▪ 거친 언어로 공격함
분노의 억압, 자기방어	▪ 경쟁과 복수심이 생김 ▪ 지나치게 성취 지향적으로 됨 ▪ 잔인해질 위험이 커짐
완고함, 굳건함	▪ 자기 사람에 대한 집착이 강해짐 ▪ 반항적으로 사람에 대한 불신이 생김

▶Su기질 내면의 상처들

Su기질은 본인의 뜻을 주장하기보단 타인의 뜻을 따르는 내향적인 사람들이다.

특별히 자신의 삶을 이해하고 알아주는 사람에게 헌신과 충성을 다하며, 그러한 헌신에 대해 인정받고 싶어 하나 타인으로부터 인정받지 못할 때, 상처를 받게 된다. 더 나아가 그 받은 상처를 마음에 숨기고 있어서 상대가 알아주지 못할 때가 더 많다. 그들의 헌신과 충성은 사랑을 받기 위한 수단이기도 하다.

　Su기질은 의존할 대상이 없고, 베풀 수 있는 물질이 없을 때, 나태해지며 번아웃 되어 상처로 나타난다.

- 의존자로부터 관심을 받지 못할 때 상처를 받는다.
- 어떤 일을 결정하는 과정에서 배제될 때 상처를 받는다.
- 헌신과 봉사에 대한 인정과 수고의 표현이 없을 때 상처를 받는다.

▶심리적 증상

- 순간적인 분노로 공격적으로 대응한다.
- 낮은 자존감으로 자신을 무가치하게 여긴다.
- 대인관계에 눌려 사회생활을 힘들게 한다.
- 상대방의 눈치를 심하게 본다.
- 본인의 생각이나 의견을 전혀 표현하지 않는다.
- 힘에 부치도록 섬기고 헌신한다.
- 의지력이 약하고 번 아웃이 잘된다.
- 상대와 비교하여 자책감에 빠져 산다.

상처의 반응	성격에 미치는 영향
숨겨진 분노의 억압	■ 지도자에 대한 배타적 행동을 함 ■ 대인관계에 대한 불안감
열등감, 낮은 자존감	■ 자신감이 결여됨 ■ 상대를 더 의지하는 행동을 함
과한 표현, 애교적 행동	■ 인정과 사랑을 찾아 일탈 행동을 함 ■ 헌신적으로 자기를 표현함

▶P기질 내면의 상처들

P기질은 안전을 지키기 위해 자기방어적이며 강한 내향적인 사람들이다.

타인이 그들의 판단력을 불신하고 안전에 위협을 느낄 때, 비판적으로 자신을 방어하려고 한다. 그리고 그 타인으로부터 조용히 마음의 문을 닫는다. 이들은 안전과 평화적 관계를 유지하고자 하는 힘이 있어 받은 상처를 내어놓고 나누는 일을 잘하지 않는다. 그러나 아픔을 함께 나눌 수 있는 단 한 사람이 없을 때, 외로움을 느끼고 상처를 받아 타인으로부터 마음의 문을 닫고 고립된 삶을 살아간다.

P기질은 강압과 억압으로 재촉받고 안전이 깨어질 때, 더 움츠리며 무기력한 모습이 상처로 나타난다.

- 안전이 위협을 받게 되고 자신의 판단을 불신하게 될 때, 상처를 받는다.
- 지도자의 강압이나 강요로 자신이 위협을 받을 때, 상처를 받는다.
- 게으르다고 빠른 행동을 요구받고, 압박을 받을 때, 상처를 받는다.

▶심리적 증상
- 대인관계를 두려워하며 고립된 생활을 한다.
- 에너지 고갈을 많이 느끼면 우울한 생활을 한다.
- 불안과 두려움으로 고통스러워한다.
- 더 게으르고 나태한 생활을 한다.
- 움직이는 것을 극도로 싫어한다.
- 사람들과의 단절로 외부 활동을 하지 않는다.

- 본인이 좋아하는 것만 집중해서 한다.
- 모든 사람에게 무관심하다.

10. 기질과 대화

대화의 목적은 관계의 소통이다. 좋은 말을 한다고 상대가 알아듣고 서로 소통이 잘 된다고는 할 수 없다. 만약, 어느 단체에서 그들만이 아는 암호로 소통한다면 우리는 그 암호를 알아야만 전달하고자 하는 말을 빨리 알아듣고 오류 없이 잘 소통할 것이다.

인간관계의 대화에도 오류 없이 잘 소통하기 위해는 먼저, 상대가 쉽게 알아들을 수 있고 이해가 빠른 언어가 있다. 그것이 바로 그 사람에게 맞는 '기질 대화'이다. "기질 대화"란? 자신이 사용하는 대화 방식대로가 아닌 나와 대화하는 상대방의 기질에 맞는 언어로 소통하는 것이다. 예를 들어 "넌 할 수 있어! 지금 도전해 봐"라는 말이 어떤 사람에게는 도전되어 움직이고 싶은 말로 들릴 수도 있지만, 또 다른 사람에게는 부담스럽게 느껴질 수 있는 말이기도 하다.

이렇게 개인의 기질에 따라 듣고, 말하며 해석하는 것이 각기 다르기에 잘 소통하기 위해서는 각 기질의 맞는 대화(언어)가 있다. 이를 위해 자신의 기질 언어를 먼저 알고 상대방의 기질 언어를 알고 사용할 때, 비로소 서로 간의 건강한 대화를 통한 올바른 소통의 관계가 가능할 것이다.

▶ S기질 대화(언어)의 특징

S기질은 '활력적인 언어'를 많이 사용한다.

이들의 대화는 에너지 넘치며 분위기를 밝고 재미있게 만들며, 흥미롭게 표현하여 활력을 주는 대화로 이끈다. 대화의 전달력이 매우 풍부하며, 상대가 말할 때 분위기를 밝게 해주며 공감과 반응을 잘한다. 또한, 이들은 말할 때 목소리의 톤이 높으며, 말의 속도가 빨라 흥분된 분위기로써 안정적이지 못한 대화를 할 때가 많다.

S기질은 본인이 대화의 주도권을 잡고 싶어 하며, 상대방의 말을 집중해서 오래 듣지 못하고 중간에 끼어들 때가 종종 있다. 때로는 말을 거침없이 표현할 때가 많으며, 작은 일에도 과장된 표현이 많아 중요하고 신중한 대화에는 신뢰성이 약간 떨어지기도 한다.

▶ S기질의 대화 훈련

S기질은 대화할 때 본인의 말을 조금 줄이고, 상대의 말에 집중해서 경청해 보려는 훈련이 필요하다. 또한 본인의 대화가 상대에게 신뢰감을 주는 진정성이 담긴 대화인지 스스로 자신의 대화 방식을 한번 점검해 볼 필요가 있다.

본인이 하는 말 중에 과장된 말이 현실에 맞게 사용하고 있는지를, 상대방의 말에 진정성 있게 공감하고 리액션을 해주는지를, 자신이 하는 감정표현이 얼마나 진정성이 있는지를 돌아보아야 할 필요성이 있다. 때로는 과한 공감이나 리액션이 진지한 대화에 부담을 주기도 하고 거부감을 주어 대화가 단절될 수도 있다. 때문에 자신의 대화 방식을 돌아보고 살펴보아야 한다.

* S기질이 자주 사용하는 말		
아~ 몰라 몰라	뭐 어쩌라고~	지금 어디야,
갑갑해, 답답해~	혼자 하기 싫어~	우리 같이 하자
오늘 내가 쏠게~	잘 되겠지 뭐~	신경 쓰지 마
어디 좋은 거 없니?	오늘 만나자	내가 알아서 할게~
괜찮아~ 괜찮아~	재밌게 놀자	부정적인 말 좀 하지 마
간섭 좀 하지 마	뭐 먹을까?	나 좋아해?
용돈 좀 줘	누구랑 있어?	걱정하지 마

* S기질이 듣기 좋아하는 말		
분위기 메이커다	인기가 많다	시원시원하다
같이 있으면 좋다	리더감이다	재미있다
사랑과 정이 많다	밝아서 좋다	긍정적이다
다시 만나고 싶다	함께 있으면 좋다	피로회복제다
패션이 멋있다	센스쟁이다	참 예쁘다
사랑한다	네가 좋다	행복해 보인다
생기가 있다	유행에 앞서간다	솔직하다

* S기질이 듣기 싫어하는 말		
약속 좀 지켜라	신뢰가 안 간다	나대지 마라
허풍 좀 떨지 마라	생각 좀 해라	작심 3일이다
진정성이 없다	친구가 밥 먹여주나	입만 살았다
일관성이 없다	실속 좀 차려라	정신 좀 차려라
마무리가 안돼	대충대충 하지 마	돈 좀 아껴 써라
그 친구랑 좀 헤어져라	네 말에 핵심이 없어	너 하는 게 늘 그렇지
또 잊어버렸니?	왜 급하니?	산만해

# S기질 언어에 대한 해석 방향	
자기 자랑을 잘하는 것이 아니라	감정 표현을 잘하는 것으로 해석한다면?
생각 없이 사는 것이 아니라	긍정적, 낙관적으로 사는 것으로 해석한다면?
아무나 좋아하는 것이 아니라	인간관계의 폭이 넓은 것으로 해석한다면?
잘난 척하는 것이 아니라	순간적인 센스가 있는 것으로 해석한다면?
산만한 것이 아니라	호기심이 많은 것으로 해석한다면?
충동적인 것이 아니라	판단이 빠른 것으로 해석한다면?

철없어 보이는 것이 아니라	편안해 보이는 것으로 해석한다면?
까부는 것이 아니라	즐거워 하는 것으로 해석한다면?
나대는 것이 아니라	관심받고 싶은 것으로 해석한다면?
호들갑스러운 것이 아니라	감동을 주는 것으로 해석한다면?

▶ M기질 대화(언어)의 특징

M기질은 '원칙적인 언어'를 많이 사용한다.

이들의 대화는 매우 논리적이며 합리적으로 육하원칙을 토대로 원칙적인 대화를 좋아한다. 이들은 대화할 때 큰 리액션과 반응은 적으나 진정성 있게 듣고 말하려고 한다. 때로는 대화할 때 본인의 기준에서 옳고, 그름으로 상대방을 가르치려고 할 때도 있다. 이들은 대화의 톤은 낮고 말의 속도가 대체로 느리며 본인이 말하는 것보다 주로 상대방의 말을 듣는 편이다. 이들은 예의 없이 말하는 사람들과의 대화는 거의 무시하거나 소통하려고 하지 않으며 대화를 단절한다.

M기질의 대화는 대체로 말이 건조하고 냉정한 말투가 종종 있으나, 대화 중에 과장하거나 허세를 부리지는 않는다. 다만 대화에 융통성이 없어 사실 그대로 있는 대로 직선적으로 말하는 사람들이다. 특히 대화할 때 상대로부터 구체적인 내용을 듣고자 한다. 예를 들어 상대가 "예쁘다", "고맙다"라고 할 때 어디가, 어떻게, 예쁜지, 무엇이, 왜, 고마운지를 구체적으로 말해 줄 때 상대의 말에 신뢰감을 느낀다.

▶ M기질의 대화 훈련

M기질은 대화 중에 상대의 말에 지적과 가르침보다는, 먼저 상대방이 하는 말을 이해하고 뜻을 헤아려 보려는 포용력 있는 마음이

필요하다.

또한, 본인의 말투가 건조하고 냉정한지를 스스로 점검해 보고 아무리 상대를 위하는 말이라 해도 경직되고 직선적인 말투보다는 부드러운 말투와 단어들을 사용하는 훈련이 필요하다. 대화할 때 부정적 비난과 비판을 자제하고 가능한 긍정적인 내용을 찾아 소통의 길을 열어가는 훈련이 필요하다.

* M기질이 사용하는 말		
제대로 해라	생각 좀 하면서 해~	제자리에 두고~
정확하게 해봐	약속은 지켜야지~	또 실수했니?
좀 진지하게 행동해~	까불지 말고~	미루지 말고~
예의 있게 행동해~	언제 할 생각이니?	정신 좀 차려라
잠시만 생각 좀 하고	도대체 생각은 하니?	지금 해~ 지금
혼자 있게 내버려 둬	이것만 해 놓고	제가 혼자 할게요
이건 언제 하려고?	이건 뭐니? 말해	좀 치우고 살자

* M기질이 듣기 좋아하는 말		
깨끗하게 잘한다	성실하게 일한다	예의가 바르다
기획력이 최고다	설명을 잘하네	근검절약해서 좋다
정확하다	정리 정돈을 잘한다	책임감이 있다
철두철미해서 좋다	생각이 참 깊다	경우가 바르다
모범적이다	아이디어가 많다	예리하다
영특하다	규칙을 잘 지킨다	약속을 잘 지킨다
예술적 감각이 있다	주관이 뚜렷하다	단정하다

* M기질이 듣기 싫어하는 말		
틀 좀 없애라	좀 따지지 마	대충 대충해
왜 그렇게 예민하니?	피곤하게 하지 마	너무 깐깐해
인상 좀 펴라 웃어라	친구도 없니?	생각이 부정적이야
좀 편하게 살자	여유가 없어 보여	왜 그렇게 불안해?
까다롭게 하지 마	돈 좀 써라	남 얘기도 들어라
좀 너그럽게 살아라	불편해	담이 너무 높아
불평 좀 하지 마	그러다가 부러진다	지금 당장

# M기질 언어에 대한 해석 방향	
냉정한 것이 아니라	현실적인 것으로 해석한다면?
고리타분한 것이 아니라	진지한 것으로 해석한다면?
돈 쓸 줄 모르는 것이 아니라	근검절약하는 것으로 해석한다면?
까다로운 것이 아니라	정확한 것으로 해석한다면?
틈이 없는 것이 아니라	완전한 것으로 해석한다면?
눈치가 없는 것이 아니라	생각이 깊은 것으로 해석한다면?
융통성이 없는 것이 아니라	원칙을 지키고 싶은 것으로 해석한다면?
깐깐한 것이 아니라	책임감이 있는 것으로 해석한다면?
따지는 것이 아니라	논리적인 것으로 해석한다면?
틀이 강한 것이 아니라	철학이 뚜렷한 것으로 해석한다면?

▶ C기질 대화(언어)의 특징

C기질은 '통제적인 언어'를 많이 사용한다.

이들의 대화는 상대를 통제 하려는 힘이 있으며 주로 지시와 명령어를 많이 사용하며 대화 중에도 본인의 뜻에 맞게 통제하려고 한다. 상대의 말을 듣기보다는 자신이 하는 말을 들어주고 순응해 주길 바란다. 이들은 본인이 대화의 주도권을 잡기 원하며 자신이 원하는 방향으로 대화를 이끌어간다. 또한, 상대가 같은 말을 반복할 때는 말을 끊어버리기도 하며, 본인의 말을 상대가 빨리 이해하지 못할 때 순간적으로 화를 내기도 한다. 이들은 상대가 빠르게 수긍해 줄 때 말이 잘 통하는 사람이라고 생각한다.

이들의 대화는 주로 일에 대한 말을 많이 하고 본인의 생각과 뜻, 경험을 상대에게 주입 시키려고 한다. 좋아하는 사람에게는 비전을 제시해 주고 동기부여를 잘 시키지만, 말에 토를 달거나 순응하지 않는 상대와는 대화하지 않으며 관계를 단절하는 편이다.

▶ C기질의 대화 훈련

C기질은 대화할 때 차분하게 상대가 하는 말을 신중하게 들어보는 훈련이 필요하다. 본인이 하고 싶은 말을 하기보다는 상대의 말을 겸손과 존중의 마음으로 듣고 수긍할 것은 수긍해 보는 느긋함이 필요하다.

본인의 말투를 스스로 점검해 보고, 강압적이고 통제적인 말투보다는 부드럽게 하여 상대방이 편안한 마음으로 자신의 의견을 솔직하게 말할 수 있는 분위기를 만들어 주는 노력이 필요하다. 또한, 상대방의 좋은 의견이라면 진심으로 들어야 하며, 상대방으로부터 불편한 말도 받아들이고 자신을 위한 진심 어린 조언인지를 수긍해 보려는 마음의 여유로움이 필요하다.

* C기질이 사용하는 말		
할 거면 제대로 해~	결론만 말해	이것도 못 해?
잘하는 게 뭐야?	해보고 안 된다고 해	일머리가 없니?
자신감 있게 행동해	왜 기죽어 다녀?	그냥 시키는 대로 해
쓸데없는 짓 하지 마	겁내지 말고~	주도면밀하게 해라
두 번 말하게 하지 마라	넌 경쟁 상대가 안 돼	이 정도 가지고 뭘~
넌 할 수 있어	괜찮아	내가 책임질게
내가 뭐!	내가 틀린 말 하니?	일단 무조건 해봐

* C기질이 듣기 좋아하는 말		
참 매력적이다	덕분에 잘되고 있다	도전하는 모습이 좋다
좋은 리더이다	찬사받을 일이다	진짜 일 잘한다
문제 해결 잘한다	대단하다	같이 있으면 든든하다
추진력이 멋있다	용감하다	삶이 부럽다
개척정신이 있다	행동이 민첩하다	카리스마가 있다
해결을 잘해준다	포기를 모른다	성과를 잘낸다
명석하다	잘하는 것이 많다	두려움이 없다

* C기질이 듣기 싫어하는 말		
인정머리가 없다	관대하지 못하다	그만하고 좀 쉬어라
너만 잘났니?	거만해 보인다	거들먹거리지 마라
너 없어도 다 돼	잘난 척 하지 마	좀 부드럽게 말해
짠해 보인다	신경쓰인다	혼자 잘났어?
아무것도 하지 마	일 좀 벌리지 마라	까불지 말고 해
성질머리 죽이라	너만 옳아?	사람 기죽이지 마
같이 있으면 힘들다	일하고 결혼하지?	그만 좀 시켜라

# C기질 언어에 대한 해석의 방향	
성질 급한 것이 아니라	일 처리가 빠른 것으로 해석한다면?
독불장군이 아니라	자신감이 있는 것으로 해석한다면?
독한 것이 아니라	끈기 있는 것으로 해석한다면?
무모한 것이 아니라	모험심이 강한 것으로 해석한다면?
다그치는 것이 아니라	신속하게 하는 것으로 해석한다면?
인정머리가 없는 것이 아니라	냉철함이 필요한 것으로 해석한다면?
사람을 부려 먹는 것이 아니라	뛰어난 리더십이 있는 것으로 해석한다면?
고마움에 대한 인사를 안 하는 것이 아니라	멋쩍어서 못하는 것으로 해석한다면?
강압적인 것이 아니라	목표를 빨리 이루고 싶은 것으로 해석한다면?
자기주장이 강한 것이 아니라	목적이 생겨서로 해석한다면?

▶ Su기질 대화(언어)의 특징

Su기질은 '순응적인 언어'를 많이 사용한다.

이들의 대화는 말에 따뜻함이 있으며 유순하고 순응적인 언어를 많이 사용한다. 주로 상대방의 말을 듣는 편이며 반응과 호응을 잘하지만, 본인의 생각이나 의견을 내어놓지는 않는다. 대화의 흐름을 잘 따라주고 상대방이 말을 편하게 하도록 공감과 위로를 잘해준다. 대화할 때 수줍어하며 애교가 많은 편이다. 이들은 대화를 주도적으로 이끄는 사람에게 마음이 잘 매료되어 이끌리기도 한다. 때로는 상대의 말에 민감하게 듣고 상처를 받아도 표현하지 못하고 참으며, 틀린 말에 토를 달지 않고 최대한 좋은 쪽으로 받아들이려고 한다.

Su기질은 대화에 자신감을 가져야 한다. 상대의 말에 위로하고 공감해 주는 것도 좋지만, 본인의 의견이나 생각을 자신감 있게 표현하고 전달해 보려는 훈련이 필요하다. 또한, 대화할 때는 대화의 핵심과 요점을 찾아보는 훈련이 필요하다. 대화 중에 상처받은 말이나 문제가 있었을 때 무조건 참고 넘어가는 것보다 본인의 생각을 솔직하게 대화로 표현해 볼 때 오해가 풀리고 더 좋은 관계로 이어져 갈 수 있을 것이다.

* Su기질이 사용하는 말		
뭘 좀 해줄까?	다 제 잘못인 것 같아	미안해 미안해
내가 할 수 있을까?	그렇게 할게요	알겠어 해줄게
열심히 도와줄게	힘들지 않아요	저는 괜찮아요
필요한 거 없으세요	손해 좀 보면 어때?	잘 몰라서~
너 먼저 해	내가 싫어?	그다음 뭘 할까요?
원래 잘 못 해요	이렇게 하면 돼?	~가 하면 나도 할래요
걱정된다	그냥 따라갈게	네가 정해줘

* Su기질이 듣기 좋아하는 말		
마음이 따뜻하다	참 친절하다	오늘 수고했다
도와줘서 고마워	큰 도움이 되었어	숨은 공신이다
배려심이 많다	신뢰가 간다	애교스럽다
좀 도와줄래?	우리 팀에 네가 필요해	위로와 공감을 잘한다
너그럽다	인연을 소중히 여긴다	인상이 좋다
잘 베푼다	잘 따라준다	온순하다
부지런하다	잘 웃는다	손재주가 있다

* Su기질이 듣기 싫어하는 말		
좀 알아서 해봐	자신감 있게 해	실속 좀 차려라
결정 장애니?	왜 질질 끌려다니니?	잔소리 좀 그만해
오지랖도 넓다	넌 몰라도 돼	이용당하고 있어

뭘 하나 잘하니?	그 사람의 종이니?	다 퍼 줘라
우유부단해	남 의식하지 마	너의 일은 언제 하려고?
간섭하지 마	오해하지 마	그만 의지해
신뢰가 안 간다	피해의식 있니?	좀 징징대지 마

# Su기질 언어에 대한 해석 방향	
자기 의견도 없는 것이 아니라	상대 의견을 존중하는 것으로 해석한다면?
자기 앞가림도 못하는 것이 아니라	상대를 먼저 챙기는 것으로 해석한다면?
끌려다니는 것이 아니라	양보해 주는 것으로 해석한다면?
오지랖이 넓은 것이 아니라	배려와 친절한 것으로 해석한다면?
표현도 못 하는 것이 아니라	겸양이 있는 것으로 해석한다면?
결정 장애가 아니라	상대의 선택을 존중하는 것으로 해석한다면?
늘 퍼주기만 하는 것이 아니라	인정이 많은 것으로 해석한다면?
소신이 없는 것이 아니라	존중하는 것으로 해석한다면?
발표를 못 하는 것이 아니라	틀리면 부끄러울까로 해석한다면?
결정하기 싫어서가 아니라	다른 사람의 마음이 더 중요해서로 해석한다면?

▶ P기질 대화의 특징

P기질은 '침묵적인 언어'를 많이 사용한다.

이들은 대화할 때 말수가 적고 고지식한 편이나, 말에 실수가 적고 침착하고 안정적이다. 이들은 대화할 때 말하는 것보다 듣는 것을 좋아한다. 그러나 반응도 대답도 느려서 상대로부터 답답함을 느끼게 한다. 특히 강압적이며, 거칠고 목소리가 큰 사람들과의 대화는 자신의 에너지 보호를 위하여 피하려고 한다.

이들은 대화의 속도가 매우 느리지만, 대화 내용의 정확한 핵심을 찾아서 문제 파악을 잘한다. 하지만 문제에 대한 본인의 생각이나 의견을 표현하지는 않는다. P기질은 대화할 때 과장하지 않고 있는 그대로 솔직하게 말하는 편이며, 때로는 융통성 없이 직선적으로 말을 할 때도 있다. 이들은 말을 많이 하지 않기에 말의 실수가 적어 신뢰감을 준다. 이들은 상대의 말이나 감정에 관심이 적으며 또한, 본인의 문제나 감정들을 대화로 잘 나누려 하지 않는다.

▶ P기질의 대화 훈련

P기질은 대화할 때 상대방의 말에 관심과 참여하는 훈련이 필요하다. 대화 중에 상대의 말에 빠른 대답과 호응하려는 노력이 필요하며, 본인의 의견을 조금이라도 표현해 줄 때, 좋은 대화의 소통으로 발전해 갈 것이다. 대화 중에 경청하는 자세도 좋으나, 때때로 대화의 핵심을 찾아서 본인의 생각이나 의견을 자신감을 가지고 소신 있게 표현해 보는 훈련이 필요하다.

* P기질이 사용하는 말		
나중에 할게	좋은 게 좋잖아	화를 왜 내니?
쉬면서 하자	잘되겠지~	알겠어~
사정이 있겠지	급할 것 없다	싸우지 말고~
아~ 귀찮아	나 좀 쉴게	아~네
큰 상관은 없어	그냥 그래	아 힘들어
피곤해	갈등이 없어야 해	재촉하지 마
너무 신경 쓰지 마	별일 아니야	다 방법이 있겠지

* P기질이 듣기 좋아하는 말		
화를 잘 내지 않는다	정직하다	소신이 있다
평화의 아이콘이다	점잖고 온화하다	차분해서 좋다
인내심이 대단하다	천천히 해~	변덕스럽지 않다
참 안정적이다	생각이 창의적이다	좀 쉬어가면서 해~
꾸준하게 잘한다	정확하다	말에 실수가 없다
준비성이 좋다	비밀을 잘 지킨다	현실적이다
중립을 잘 지킨다	참을성이 많다	경청을 잘한다

* P기질이 듣기 싫어하는 말		
많이 답답하다	미련곰탱이 같다	같이 있으면 숨 막힌다
참 냉정하다	좀 움직여라	열정이 없니?

또 누웠니?	빨리빨리 해~	말 좀 해라~
게으름뱅이~	아휴 속터져~	아직도~~
도대체 언제 할래?	행동이 굼뜨네	뚱한 표정짓지 마
나태하긴	허용이 지나쳐	무슨 재미로 살아?
행여나 하겠다	너 무슨 일 있지?	무슨 생각을 하니?

 # P기질 언어에 대한 해석의 방향

게으른 것이 아니라	천천히 느린 것으로 해석한다면?
의욕이 없는 것이 아니라	욕심이 없는 것으로 해석한다면?
소심한 것이 아니라	안전한 것으로 해석한다면?
도전 정신이 없는 것이 아니라	행동 전 생각이 깊은 것으로 해석한다면?
고집을 부리는 것이 아니라	소신이 있는 것으로 해석한다면?
당장 변화가 없는 것이 아니라	꾸준히 성장하는 것으로 해석한다면?
냉랭한 것이 아니라	감정 조절을 잘하는 것으로 해석한다면?
변화를 싫어하는 것이 아니라	안전을 추구하는 것으로 해석한다면?
표현을 안 하는 것이 아니라	듣는 것이 편해서로 해석한다면?
융통성 없는 것이 아니라	예산에 맞게 사용하려고 해석한다면?

【 부 록 】

개인기질검사 분석프로필

- 사단법인한국기질상담협회[KTCA]에서 연구개발 된 기질 검사지로 개인
  의 기질을 검사하여 상세한 분석을 받아 볼 수 있습니다.
  * 일반검사지 저작권 등록[2016-010-361
  * 유아 검사지 저작권 등록 [C-2017-0221733]

* 개인 기질 검사에 대한 유익한 점?
  1) 자신의 기질을 알게 되며 자신의 강점과 약점을 보완할 수 있다.
  2) 자녀(유아)의 기질에 따라 교육(양육)에 도움을 받을 수 있다.
  3) 학생(직장인)의 진로(직업) 문제에 도움을 받을 수 있다.
  4) 나와 상대의 다른 점을 알고 유연한 관계를 맺을 때 도움을 받을 수 있다.
  5) 공동체 안에서 서로의 갈등을 줄이고 공동체를 세워가는 일에 도움을 줄 수 있다.

KTCA 일반 기질검사 분석프로필

KTCA 유아 기질검사 분석프로필

KTCA 가족 기질검사 분석프로필

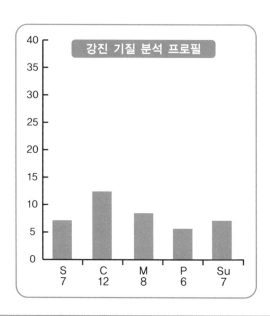

1. 기질의 특징 : 강 진님은 인간관계와 일(학습, 목표)의 영역에서 리더십을 지녔으며 진지하게 사고하며 신중한 태도로 사람들로부터 관심과 칭찬받길 원하며 친구들과의 교제를 즐거워하고 소속감을 중요하게 생각하는 기질이 함께 있습니다. 또한, 때론 편안함과 안전함을 추구하는 기질적 특성이 함께 혼합된 내·외향성 기질의 특징을 가지고 있습니다.

인간관계에 있어서는 긍정적인 에너지를 가진 인간관계적 리더십을 보이며 적극성을 나타냅니다. 자기에게 순응적인 태도를 가진 친구들을 선호하며, 관계를 주도하길 원합니다. 낯가림 없이 친구들과 즐겁게 잘 교제하며 따뜻한 공감과 위로를 잘해줍니다. 하지만 때론 혼자만의 공간에서 조용한 시간을 보내길 원하는 독립적인 모습을 함께 보입니다.

일(학습)영역에 있어서는 꼼꼼하고 성실하게 맡겨진 일들을 잘 감당하며, 스스로 목표를 설정하고 기획하는 리더의 역할을 잘 감당합니다. 일을 할 때는 간혹 냉정하거나 단호하게 목표성취를 위해 행동하는 모습을 보일 수 있습니다.

다만, 자기만의 방식과 방법대로 일(학업, 목표)이 진행되지 않을 때 심리적 불편감을 경험할 수 있고, 외부로부터 일방적 지시와 요구에 대해 곧장 순응하는 것을 힘들어할 수 있습니다.

2. 강점으로는
- 일(학업, 목표)에 대한 기획력과 추진하는 힘이 있어 자신이 목표하고 의미를 지닌 일에 대해 좋은 결과를 만들어 냅니다.
- 한번 신뢰를 준 사람에 대해선 변함없는 마음으로 그 인간관계를 잘 유지하는 힘이 있습니다.
- 적극적인 모습을 보이고, 때론 침착함과 진중한 태도를 함께 지닙니다.

3. 약점으로는
- 자기에게 이해되지 않은 요구에 대해 "왜?"라는 질문을 하며, 쉽사리 순응하거나 행동적으로 움직이는 것을 힘들어할 수 있습니다.
- 자기표현을 잘하기도 하나, 때론 표현과 반응을 망설이고 어려워하는 모습을 보이기도 합니다.
- 구체적인 칭찬이나 인정을 받지 않으면 쉽게 낙심하기도 합니다.

4. 기질적 조언 : 강 진님은 여러 가지의 기질적 특성이 함께 나타나기에 내가 어떤 사람인지, 내가 무엇을 잘하는지 등에 대한 자기분석이 분명하지 않아 자신을 이해하는 것이 혼란스럽거나 어려울 수도 있습니다. 또한, 사람과 환경에 따라 자신의 표현과 반응하는 모습이 달라질 수 있습니다.

자신이 리더십을 발휘하여 주목받을 수 있는 공동체에서 친밀감을 경험하고 자신이 할 수 있는 에너지를 내거나 사람들과 교제하는 것을 즐거워하다가 때론 인간관계에 있어서 무관심한 태도를 보이거나 혼자 있는 것, 소수의 사람과의 조용한 교제를 원할 수 있습니다. 이렇게 상반된 기질적 모습들이 함께 나타날 수 있기에 자기 자신에 대한 깊은 관심을 가지고 인간관계와 일(학업, 목표)에 대해 나타나는 반응을 관찰·탐색하여 다른 친구들과 비교하지 않고 자기 자신을 온전히 수용·존중하고, 관리하는 노력이 필요할 것입니다.

특별히 리더십을 지닌 기질이기에 다른 사람들을 지배·통제하길 원하며, 자기에게 순응하거나 능력이 있는 사람들만 가까이 두고자 하는 특성이 나타납니다. 나의 의견과 다르거나 뜻이 같지 않더라도 충분히 경청 및 수용하는 태도와 친구(인간관계)를 있는 모습 그대로 온전히 존중하는 태도가 꾸준히 연습된다면 많은 이들을 돕고, 품어내는 '리더'의 모습으로 성장하게 될 것입니다.

www.ktca0691.or.kr
기질분석 연구소 : 051-918-0691
분석 담당자 : 김계순 연구원

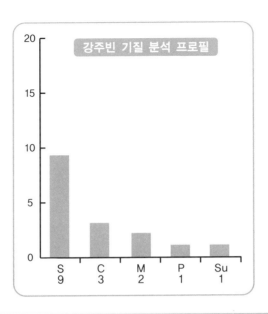

1. **기질적 특성 :** 주빈이는 사람에게 관심이 아주 높아 새로운 사람들과의 관계에서도 두려움 없이 표현과 반응을 잘합니다. 칭찬과 인정받고 싶은 욕구가 강해 상대방의 말과 행동에 많은 관심을 보이며 자기 생각과 감정들도 열정적으로 표현합니다. 주변의 다양한 즐거움과 재미를 추구하고 사랑의 에너지가 많은 강한 외향성의 특성을 가진 기질입니다.

인간(친구)관계에 있어서는 친구들을 좋아하고 명랑 쾌활하여 주변 분위기를 밝고 즐겁게 만들어 작은 것에도 행복감을 쉽게 느낍니다. 낙천적이고 긍정적 이여서 친구들에게 인기가 많고 사랑한다는 표현을 많이 하고 사랑도 많이 받고 싶어 합니다. 상대에게 관심과 집중을 받을 때 친밀감 있는 교제가 형성이 되며 사람으로부터 다양한 정보를 받아들이고 배우고 싶어 합니다. 그러나 모임에서 관심과 주목을 받지 못하면 의기소침해 지고 에너지가 사라지며 진지한 태도가 부족함으로 나타납니다.

일(놀이/학업)에 있어서는 많은 친구들과 함께 활동적인 놀이를 하길 좋아하고 학습과 놀이는 신나고 재미가 있어야 하며 규칙 질서가 있는 곳보다 자유로운 곳에서 즐거움을 찾습니다. 또한 관심과 칭찬을 받을 때 일에 대한 능률이 오르고 인내심을 발휘하기도 하나 칭찬이 없을 때는 하고 싶은 활동적인 놀이라도 중단 되어지는 경우가 잦습니다. 자기중심적으로 친구들을 리더하고 싶으나 즉흥적인 행동으로 인해 상대는 불편해 할 수 있습니다.

2. 기질적 강점

- 새로운 일을 잘 찾아내어 도전을 잘하며 활동적인 에너지와 넘치는 자신감으로 앞장서서 리더의 역할을 주도해 갑니다.
- 사람에 대한 정이 많아 어렵고 힘든 친구들을 잘 도와주며 다정다감할 뿐만 아니라 신뢰하고 부탁하면 그 부탁을 반드시 해결해 주려고 합니다.

3. 기질적 약점

- 열정적으로 일을 하다가도 끈기가 약해 쉽게 포기하며 하고 싶은 것은 많으나 계획과 준비가 부족하여 충동적으로 행동하기 쉽습니다.
- 문제의 상황을 가볍게 여기고 빨리 해결하고 넘어가려하기 때문에 실수가 잦으며 작은 문제 앞에서도 자기주장을 굽히지 않을 수 있습니다.

4. 기질적 조언 : 관계를 무엇보다 중요하게 생각하기 때문에 관심과 사랑을 받지 못한다고 생각하면 자기 멋대로 행동하는 모습을 많이 볼 수 있습니다. 이때 행동을 비판하며 절제시키려고 교육을 하게 되면 아이는 더욱 무절제해지고 충동적인 행동을 보일 수 있습니다. 먼저 아이의 관계 중심적인 리더십의 자질을 인정해 주고 관심과 칭찬으로 양육자와 친밀감 있는 교제가 이루어질 때 양육자의 교육에 부응하게 됩니다.

* 지시·명령·폭언을 할 때

자기중심적인 성향이 강해져 충동적으로 행동하고 인내심과 성실함이 약해지며 관심가진 다양한 일은 많으나 책임감이 부족하여 쉽게 포기합니다.

* 사랑과 격려로 지지할 때

책임감과 인내심이 길러지고 충동적인 성향이 감소하여 더욱 사랑스럽고 따뜻해지며 상대방에 대해 존중하는 마음을 가지고 귀를 기울입니다.

* 듣고 싶은 말

• "주빈이랑 함께 있으면 너무나 즐거워" "마음이 따뜻해서 인기가 정말 많은 것 같아"라는 교제에 대한 인정의 말은 사랑과 정을 잘 나누는 아이로 자라게 합니다.

* 듣기 힘든 말

• 친구들과 교제가 중요한 아이에게 "생각 좀 하고 행동해라!" "천하태평이네 그만 놀아"라는 관계가 끊어지는 말은 마음이 불안정해지며 사랑에 집착하는 아이가 될 수 있습니다.

---

www.ktca0691.or.kr
기질분석 연구소 : 051-918-0691
분석 담당자 : 정선영 연구원

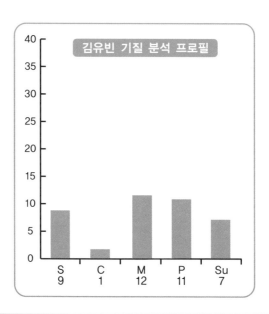

1. 기질의 특징 : 김유빈님은 분별력이 있어 옳고 그름의 판단이 분명하지만, 겉으로 표현은 잘 하지 않는 편이며 갈등 없이 사람들과 평화로운 관계를 유지하는 것을 선호합니다. 낙천적인 기질의 특성으로 모임의 분위기를 즐겁게 하며 또한 의미 있는 일을 하게 되면 신중하게 생각하고 성실하고 책임감 있게 자기의 소임을 다하는 내·외향성의 특징을 가진 기질입니다.

인간관계를 할 때는 사람들에게는 온화한 태도로 예의 바르게 행동하려고 노력하며 예의가 없고 무례한 행동을 하는 사람을 만나면 마음에 불편함이 생깁니다. 자기 생각과 의견을 논리적이고 체계적인 짜임새로 구성하고 사람들에게 표현할 수 있으며 많은 정보와 지식으로 사람들에게 좋은 영향력을 미칩니다. 가식이 없고 솔직하게 표현하는 모습을 사람들은 좋아해 주며 사람들과의 대화에서도 진중함으로 반응하기 때문에 신뢰감을 줍니다.

일을 할 때는 해결해야 할 문제 앞에서 한발 물러서서 다양한 관점과 다양한 각도로 바라보는 식견이 있습니다. 하지만 기분에 따라 문제를 빨리 해결하고 싶어 느긋하게 기다림보다 속성으로 일을 처리하기도 합니다. 완벽을 추구하고 싶은 마음이 있으므로 사람들의 실수를 그냥 지나치지 못할 때가 있지만 오히려 틀에 맞춰 계획적인 일이 더 답답하게 느껴져 자유롭게 하는 것이 좋다고 생각하기도 합니다. 원칙주의로 일하는 것을 원하며 의미 있는 일을 할 때 동기부여가 생깁니다.

2. 기질적 강점
- 주어진 일에 끝까지 성실하게 책임을 다하며 항상 노력하는 과정을 소중하게 생각하기 때문에 맡은 일에 최선을 다합니다.
- 온유하고 너그러운 자세로 사람들과 잘 지내며 상대방을 있는 그대로 받아들여 주는 따뜻한 마음과 정이 있습니다.
- 관심 분야에 대해 깊이 있게 생각하고 연구하는 힘이 있으며 완전하게 하려는 마음으로 그 연구에 대한 좋은 결과를 얻어냅니다.

3. 기질의 약점
- 허용적이고 맞춰주는 부분이 많아 거절하는 것이 어렵고 때로는 결정하는 것이 쉽지 않아 우유부단해 보입니다.
- 신중함으로 일 처리가 늦어지거나 좋은 결과를 얻지 못하게 될 때 스스로 자책하게 되며 부정적인 마음을 가집니다.
- 힘이 들면 행동이 느려지거나 움직이는 것이 귀찮아집니다.

4. 기질적 조언
평화의 욕구가 있어 다른 사람들을 있는 그대로 이해하고 받아들이는 포용력이 있으며 상대방이 평화를 깨뜨리는 말과 행동을 해도 웬만하면 맞춰주고 수용해 줍니다. 하지만 마음의 불안이 생길 때 겉으로는 온화하고 평안해 보이지만 그 모습 뒤에는 불안하고 불편한 마음이 생겨 힘들게 됩니다. 그때 독립된 공간에서 혼자만의 시간을 가지면서 평소 하고 싶었던 여러 가지 일을 충분히 채우게 될 때 고립의 욕구가 채워져 에너지를 얻을 수 있습니다.

5. 자녀와의 관계

서현이는 S기질로 자기표현의 욕구가 있으므로 적극적으로 자기의 생각을 솔직하게 말하고 상상력이 풍부하여 과하게 과장하는 모습을 볼 수 있습니다. 때로는 엉뚱한 말과 행동으로 당황하게 하는 일도 있을 수 있는데 이때, 옳고 그름에 대한 판단의 언어는 자녀와 대화의 단절을 가져오게 할 수 있습니다. 기발한 아이디어로 다양한 생각을 할 수 있는 기질임을 알아주고 비판적인 말보다는 인정해 주는 말로 경청하며 재능을 잘 펼칠 수 있도록 공감을 해주는 지도가 필요합니다.

www.ktca0691.or.kr
기질분석 연구소 : 051-918-0691
분석 담당자 : 박인숙 연구원

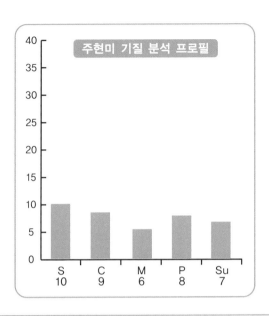

1. 기질의 특징 : 주현미님은 따뜻하고 친절하며 낙천적인 내, 외향의 기질적 특성을 지니고 있습니다. 5가지의 기질이 골고루 섞여 있는 혼합기질로 각 기질의 특징이 다양하게 나타나며 관계와 일을 모두 잘 흡수할 수 있습니다. 솔직하고 개방적인 관계 중심의 활발한 에너지와 뚜렷한 자기주관을 가지고 과감함으로 도전하고 추진하는 일 중심의 에너지가 함께 있습니다.

인간관계를 할 때는 예의와 신뢰의 관계를 소중하게 생각하며, 기본적으로 사람을 좋아하고 즐겁게 교제하기를 원하며, 언제나 좋은 관계를 유지하고자 합니다. 처음 만나는 사람과는 약간의 낯가림으로 처음엔 적당한 거리를 두고 호기심을 가지고 상대를 파악해 가다가 다른 리더십에 이내 마음을 열어줍니다. 상대의 말에 경청하며 섬기고 배려하는 마음과 나누고 도움을 주고 싶은 마음이 있고, 평화롭고 안정적인 관계를 선호하여 부드럽고 온화함으로 사람들과 잘 융화되어 조화를 이룹니다.

일을 할 때는 진리를 추구하며 완전하기를 바라는 욕구, 목표성취와 구체적이며 진실한 찬사에 대한 욕구를 함께 지니고 있습니다. 일을 할 때 깊이 있게 생각한 후 결정을 내리며 자신에게 진정한 목적과 가치가 있는 일을 만날 때에 집중하여 에너지를 쏟아 그 일을 성취하고자 합니다. 마음이 통하는 사람들과 함께 즐겁고 평화로운 상황 가운데 일하고 싶어 하며 책임감을 가지고 성실하게 하여 완벽하게 마무리합니다. 또한, 타인으로부터 진정성이 담긴 말의 인정과 고마움과 감사에 대한 자세하고 직접적인 표현을 원합니다.

2. 기질적 강점

- 마음이 부드럽고 정이 많으며 타인을 섬기고 배려하는 마음이 있습니다.
- 자기 의지와 결심이 확실하여 질서 있고 체계적이고 꼼꼼하게 맡은 일을 잘 완수해 냅니다.
- 합리적인 선택과 결정을 하며 긍정적인 방향으로 일과 관계를 주도해 나갑니다.

3. 기질의 약점

- 의미 없는 일이라 생각되면 관계나 일에 무관심해질 수 있습니다.
- 예의 없다고 생각되는 사람에 대한 부정적인 표현을 구체적으로 할 수 있고, 오히려 표현이 더욱 약해질 수도 있습니다.
- 괜히 갈등 상황을 만들고 싶지 않아 하여 자신의 감정과 생각을 숨기고 속상해하기도 합니다.

4. 기질적 조언

가족, 지인들과 함께하는 것을 즐거워하기도 하고, 목표가 세워진 곳에 열정을 쏟고 성취하기도 하지만, 때로는 에너지 고갈을 느껴 혼자만의 조용한 공간과 시간을 통해 쉼을 필요로 하기도 합니다. 이는, 교제를 통해 표현하고 반응하며 인정을 받고 싶은 욕구와 자신의 가치에 부합하는 목표를 설정하여 체계적이고 완전하게 성취해 나가는 욕구를 함께 지닌 기질적 특성이 있기 때문입니다.

5. 자녀와의 관계

미정이는 안전과 에너지 보호의 욕구를 가지고 있는 P 기질로 갈등이 없는 평화로운 관계를 원하고 안정된 환경과 안정을 주는 사람에게 의지하고 싶어 합니다. 무리하게 요구하는 것에는 큰 관심을 두지 않고 에너지 보호를 위해 소극적으로 대처하며 가족에 대한 애착과 헌신으로 조용하고 순종적으로 행동을 합니다. 자녀를 향한 사랑과 관심이 무리한 목표를 향한 계획과 비전으로 나아가지 않도록 언제나 아이의 의견을 세심하게 물어 봐주며 작은 표현에도 긍정적으로 반응해 주는 자세가 필요하겠습니다. 아이를 주도적으로 움직이며 스스로 결정하게 하는 힘은 부모와 편안하고 신뢰와 존중의 관계가 깨어지기 쉽습니다. 행동에 느림과 표현의 약함을 인정하고 천천히 가도 된다는 말과 인정해 주며 기다려주는 마음이 아이에게 큰 도움이 될 것입니다.

www.ktca0691.or.kr
기질분석 연구소 : 051-918-0691
분석 담당자 : 박은실 연구원

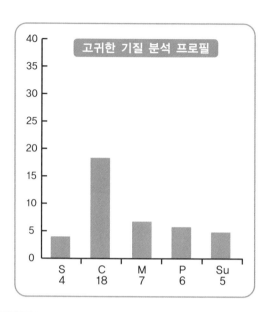

1. 기질의 특징 : 고귀한님은 현실적인 목표성취에 도전과 추진하길 좋아하며 독립적이고 긍정적인 마인드로 완전한 결과를 이루기 위해 고뇌하고 집중하여 실행력을 발휘할수 있는 약한 내향적 기질과과 강한 외향적 기질의 특성을 가지고 있습니다.

인간관계를 할 때는 낙천적인 마인드로 사람을 사귀는 것이 어렵지 않지만 자신만의 도덕적 기준이나 가치관과 의미가 맞지 않는 사람들과는 정서적 공감을 하기 어려워 합니다. 목표성취에 대한 욕구가 강해 사람들과 교제하면서 지식과 정보를 습득하고 자기 개발에 힘쓰는 것을 좋아합니다. 또한 자신과 목표나 가치관이 통하는 사람들과 신뢰를 쌓아가며 최대한 변함없는 마음을 가지고 관계를 지켜 나가려 하며 상대에게 미래의 비전과 꿈을 제시해 주고 체계적으로 이끌어 나갈수 있는 지도력이 있습니다.

일(학업, 업무)을 할 때는 자신만의 일에 대한 기획력과 추진력을 가지고 있어 일에 대한 기획된 목표를 위해 진취적이고 적극적인 자세로 추진해 나가는 힘이 있습니다. 바르고 가치있는 삶의 기준을 지켜가기 위해 소신있고 합리적인 선택을 잘하며 일에 대해 타고난 리더십이 있어 마음먹은 일은 끝까지 책임감 있게 해내려 합니다. 변화나 개혁을 잘 수용하는 편이라 현실성 있는 새로운 일에 관심을 가지고 시도하는 것이 어렵지 않습니다.

다만 일에 대한 목표성취나 리더로써의 업무 결과에 대해 인정과 찬사 받고자 하는 욕구가 강하므로 자신의 계획대로 일과 인간관계가 순조롭지 못할 때 냉정하거나 단호한 모습을 보일수 있습니다.

2. 기질적 강점

- 자신의 생각이나 의견을 잘 따라주는 사람들과 인격적인 관계를 이루며 상대를 살펴서 필요한 동기부여를 잘 제시해 줍니다.
- 새로운 일을 기획하고 도전하는 것을 즐기며 인정과 최고의 찬사를 받기 위해 최선을 다하는 열정이 있습니다.
- 어려운 문제 상황에서 항상 자신감을 가지고 순발력 있게 대처하며 슬기롭게 해결하려는 끈기와 의지가 있습니다.

3. 기질의 약점

- 일을 할 때 결정과 선택이 빨라 일의 속도가 빠르지만 다소 침착함이 부족하여 성급한 결정으로 실수를 경험하기도 합니다.
- 자신이 가진 능력을 알기 때문에 상대적으로 약하고 느린 상대에 대해 냉담하게 대하거나 호의나 배려가 부족할수 있습니다.
- 리더의 역할을 잘 해내는 반면 상대방에게 지시적이고 통제적인 언어를 자주 사용하여 의도치 않게 상대로 하여금 불편한 감정을 가지게 할수 있습니다.

4. 기질적 조언

고귀한님은 맡은 일에 대한 신속한 처리 능력과 책임감이 강하지만 자신의 능력을 과신할 때가 있어 세심하게 살펴 꼼꼼하게 해결해야 할 일에서 실수를 하는 경우가 있으므로 중요한 일일수록 차분하고 침착하게 대응하는 마음가짐을 가져 보는 것이 중요 합니다. 자신이 이끌어 가는 많은 사람이 보여주는 헌신과 배려에 스스로 감사해하며 사소한 상황에서도 자신의 감정이나 생각을 표현하고 공유하며 마음을 나누는 대화를 한다면 탁월한 지도력과 인격적인 사교성을 갖춘 지도자로써 많은 사람을 설득할 수 있는 공감대도 형성이 될 것입니다. 사람들과의 관계에서 본인의 기준이나 가치관에 맞는 사람들과 선택적으로 교제하려 하기보다 다양한 사람들과 만나고 어울리며 서로 다른 가치관에 대해 이해하고 수용하며 폭넓은 인간관계의 다양성을 경험해 보는 것이 도움이 될 것입니다. 또한 목표성취에 대한 자기 의지가 강하므로 진취적인 자세로 일에 몰두하며 사람들을 이끌어 나갈수 있지만 지시적이고 명령, 통제적인 언어를 자주 사용함으로 상대방으로부터 마음의 거리감을 가지게 할수 있습니다. 따라서 상대방에 대한 이해와 배려심을 가지고 자신의 솔직하고 직설적인 표현에 대한 언어적 순화에 관해 노력을 기울인다면 신뢰와 존경받는 리더로써 찬사 받을수 있는 기회를 더욱 많이 가질수 있을 것입니다.

www.ktca0691.or.kr
기질분석 연구소 : 051-918-0691
분석 담당자 : 박세윤 연구원

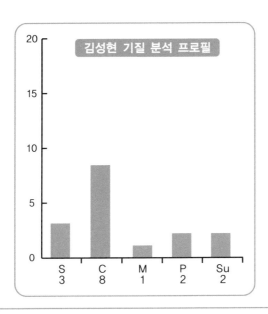

김성현 기질 분석 프로필

| S 3 | C 8 | M 1 | P 2 | Su 2 |

1. 기질적 특징

성현이는 목표성취의 욕구가 강하고 일을 이루고자 하는 의지력과 열정적인 에너지가 넘쳐 적극적인 태도로 분명한 목표와 지도력을 발휘합니다. 일에 대해 지칠지 모르는 추진력이 있으며 사람(친구)과 소통할 때도 열정적으로 표현하고 반응하며 자신감이 넘치고 주도적으로 리더 해 가는 매력적인 외향성의 특성을 가진 기질입니다.

인간(친구)관계에 있어서는 친구들과 활동적인 놀이를 할 때 자기 생각과 느낌을 잘 표현하고 자신감 있는 모습으로 친구들 사이에서 리더의 역할을 담당합니다. 친구(사람)들을 향한 정이 있어 배려하는 마음도 현실적으로 도와주려고 하며 함께 이뤄가야 할 일에 있어서는 주도적인 해결자로서 역할을 합니다. 친구들과는 명랑 쾌활하게 분위기를 만들어가며 멋있고 좋은 인상을 남기고 싶어 합니다. 모임에서 최고의 리더로서 찬사를 받는 것을 좋아하기 때문에 찬사를 보내지 않는 사람에게 서운한 마음을 가질 수 있습니다.

일(놀이/학업)에 있어서는 비젼에 열정적이고 에너지가 넘치고 대범하고 과 감한 결단력이 있습니다. 때문에 관심보인 여러 가지 놀이(학습)를 하다가도 스스로 선택하고 결정하며 합리적인 생각과 빠른 판단으로 일을 실천해 갑니다. 목표를 향한 완벽함으로 선택한 것에 집중할 수 있으며 자신이 생각한 대로 움직여 주지 않는 상대방의 마음도 설득하는 탁월한 리더십이 있습니다. 더불어 자기 결정에 확신을 가지고 일을 추진하며 최선을 다하여 좋은 결과를 얻는 성취력이 있기 때문에 최고의 찬사로 인정받는 것을 당연하다 생각합니다.

▷**강점**
- 목표에 대한 확신과 결단력으로 추진하며 다양한 영역에서 자신감으로 재능을 발휘하며 리더의 역할을 주도합니다.
- 넘치는 에너지로 사람(친구)들과 폭 넓은 관계를 만들어가며 약한 친구들을 배려하며 세워주고 싶은 마음을 가지고 있습니다.

▷**약점**
- 의지가 약하고 무능력한 상대를 게으르다 생각하고 상처를 주기도 하며 항상 자기중심적이며 자신의 생각과 계획이 옳다고 주장합니다.
- 자신이 원하는 방법대로 상대를 통제하고 싶은 마음도 크고 상대방의 지시나 명령에 순종하는 것이 어려울 수 있습니다.

1. 기질적 조언

다른 사람(친구)과의 경쟁을 하면서라도 최고가 되는 자신을 생각하며 목표를 이루는 것을 좋아합니다. 때문에 자신이 원하는 방법대로 상대를 통제하고 싶어 하나 상대방의 명령이나 간섭, 잔소리는 참지 못하고 직설적으로 표현하며 마음의 분노를 표현합니다. 이때 아이의 말에 귀를 기울이며 먼저 부탁어를 사용하는 양육자의 지지가 필요합니다. 작은 리더로서의 인정과 찬사는 사람을 존중하는 마음을 품고 장기적인 목표를 설정하여 전략적으로 도전하려는 멋진 지도자의 모습을 볼 수 있게 합니다.

* 지시·명령·폭언을 할 때

지나치게 성취지향인 사람이 되어 상대방을 무시하는 언어를 사용하고 거칠어져 상대를 존중하지 못하고 반항으로 대응합니다.

* 사랑과 격려로 지지할 때

함께 있는 사람의 마음을 공감하고 배려하며 약한 자를 세워주고 건강한 꿈을 가지고 바르게 성취해가는 능력이 개발됩니다.

* 듣고 싶은 말

- "역시 네가 최고야" "네가 다했어! 정말 멋지다"의 말로 리더로서 인정을 받게 되면 일과 사람 둘 다 소중히 여기는 리더자로 자라게 됩니다.

* 듣기 힘든 말

- 리더십을 가진 아이에게 "명령 좀 하지 마" "꼭 네 말대로 해야 하니" 라는 말로 존중받지 못한 말은 감정을 이기지 못하고 목표달성을 위해 더 자기 주장을 굽히지 못합니다.

www.ktca0691.or.kr
기질분석 연구소 : 051-918-0691
분석 담당자 : 강미진 연구원

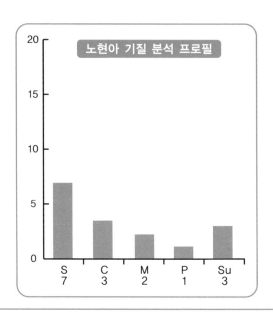

노현아 기질 분석 프로필

	S	C	M	P	Su
	7	3	2	1	3

현아는 순발력과 사교성이 뛰어나 사람들과의 관계 속에서 표현과 반응을 잘하며 밝은 모습의 에너지가 높습니다. 인정을 받기 위해 상대방의 말과 행동에 관심을 가지며 자기 생각과 느낌들을 표현하는데 자유함을 가지고 있습니다. 상황파악이 빠르고 순간재치가 뛰어나며 좋은 방향으로 이끄는 리더십으로 주위 사람들도 잘 챙겨가는 외.내향성의 특성을 가진 기질입니다.

인간(친구)관계에 있어서는 교제 속에서 에너지를 만들어 사랑과 따뜻한 마음으로 친구(사람)들과 주변 분위기를 밝고 즐겁게 만들고 싶어 합니다. 낙천적이고 긍정적 이여서 친구들 사이에 인기가 많으며 상대를 배려하는 마음이 크지만 문제 앞에서는 좋고 싫음이 분명하여 자기주장에 적극성을 띕니다. 감각적인 것에 끌려 친구들과 함께 체험해갈 때 상대로부터 관심과 집중을 받길 원합니다. 자기를 표현하는 주된 목적이 인정받고 싶기 때문이며 인정받는 것을 사랑이라고 생각하고 칭찬을 하는 것도 받는 것도 좋아합니다.

일(놀이/학업)에 있어서는 분명한 목표를 향한 모험심도 가지고 있으며 즐거움과 재미를 추구하며 다양한 정보를 쉽게 받아들입니다. 놀이와 학습을 혼자보다는 여러 친구들과 함께하는 것을 좋아하며 긍정적인 마인드로 기꺼이 앞장서서 리더 역할을 맡고 주도하기에 주변에 친구가 많습니다. 그러나 자기 결정에 확신을 가지고 움직일 때는 직설적인 표현으로 자기주장을 내세우기도 하고 인정받기위해 즉흥적으로 일을 많이 맡기도 하며 얽매이는 틀 안에서 주어진 규칙대로 움직임을 힘들어합니다.

▷**강점**
- 표정이나 행동이 밝고 활기가 있어 누구와도 잘 지내며 특히 어려운 친구들을 잘 돕고 세워주고 싶어 하며 상대를 부드럽게 이끌어갑니다.
- 작은 것에도 행복을 누리는 마음을 지녔고 명량하고 쾌활함으로 함께 하는 모임이 좋아 새롭고 참신한 변화를 가지고 모임을 리더 해 갑니다.

▷**약점**
- 인간관계 때문에 일처리가 분명하지 못하고 재미와 흥미를 갖지 못한 분야는 끝까지 마무리하려는 인내를 가지기 어렵습니다.
- 헌신한 일들을 인정받지 못할 때에는 일에 대한 계획이나 약속들을 놓칠 때가 있고 자기주장이 강해 상대의 의견에 귀를 기울이기 싫어합니다.

1. 기질적 조언
재미와 흥미 있는 일에 긍정에너지가 높아지고 열정적인 모습을 보이지만 부정적인 상황을 회피하고 끈기 부족으로 쉽게 포기합니다. 이때 양육자의 인정과 관심은 인내심을 발휘하게 하는 효과가 있지만 양육자의 무절제한 잔소리나 지시 명령은 아이가 자신의 감정을 잘 처리하지 못하고 작은 문제 앞에서도 순간적으로 화를 내게 합니다. 때문에 인정해주고 지지해주며 관심 가져준 양육자와 친밀감 있는 교제를 통해 교육이 가능하며 더불어 칭찬으로 마음에 자극을 준다면 행동수정이 가능하고 동기부여가 잘 되어 집니다.

*** 지시·명령·폭언을 할 때**

절제하지 못하고 즉흥적이고 일을 만들며 진지한 태도가 부족해 책망 받는 것을 깊이 새기지 못하고 시기하며 자기중심적이 됩니다.

*** 사랑과 격려로 지지할 때**

사람을 따뜻하게 대해주고 일에 대한 에너지가 높아져가며 실천 가능한 계획을 세워 주어진 규칙과 질서를 지켜가며 끝까지 인내하려합니다.

*** 듣고 싶은 말**

- "네가 있으니 분위기가 너무 좋아""친구에게 인기 많은 이유를 알 것 같아"라는 인정해 주는 언어는 긍정의 힘으로 다양한 교제의 리더십을 발휘하는 아이로 자라게 합니다.

*** 듣기 힘든 말**

- 생동감 있게 자기표현을 하는 아이에게 "진지하게 들어봐""흥분하지 말고 천천히 말 좀 해"의 말로 통제하게 되면 자기중심적인 성향이 강해져 순응하기 힘들어 집니다. .

www.ktca0691.or.kr
기질분석 연구소 : 051-918-0691
분석 담당자 : 정아영 연구원

【사단법인 한국기질상담협회 주요 프로그램 소개】

1. 외부 특강
   - 어린이집, 유치원, 학교, 교회, 직장에서 부모교육. 교사교육. 리더교육을 1시간~2시간 정도 강의를 진행합니다.

2. 전문기질 상담사 1급 자격증 과정 (민간 자격증 등록 번호 2019-003951)
   - 12주간(2학기)의 수업을 통해서 기본 다섯 기질에 대한 이해와 기질 대화법, 기질 분석법을 구체적으로 배우며 자격증을 취득하는 과정입니다.

3. 기질 전문 강사과정
   - 1급 자격증을 소지하신 분에 의해 10주(2학기)의 수업을 통해 기질 강의에 대한 PPT 사용법 및 실제적인 사례를 분석하여 솔루션을 제공하고 현장 강의에 대한 훈련을 실습하고 배우는 과정입니다.

4. 양육을 위한 소그룹 과정
   - "기질을 알면 양육이 쉬워진다"
   - 자녀 양육을 위한 기본과정으로 6주간 소그룹 모임으로 진행되는 과정입니다.

5. 개인(일반/유아) 기질 검사 분석 프로필 작성
   - 개인 기질 검사지를 상세히 분석하연 본인의 기질 이해에 대한 프로필을 만들어 드립니다. (개인, 가족, 단체 등)

6. 개인 및 가족 상담 신청
   - 전문 상담사에 의해 상담이 진행됩니다.

★ 문의처
   사무실 : 051) 918-0691 / 담당자 : 010-7377-0076 (정선영 팀장)
   * 기질 분석료, 강의료, 상담료, 자격증 과정 교육비 등 문의처로 연락해 주시면 상세한 안내를 받을 수 있습니다.
   * KTCA 협회에서는 1년에 1회 교회 사역자를 위한 전문기질상담사 1급 자격증 과정 수업을 무료로 진행하고 있습니다. 신청은 홈페이지 : NAVER 한국기질상담협회로 하시면 됩니다.

【모든 강의와 수업은 대면과 비대면[온라인zoom]으로 선택 가능합니다.】